**劳务派遣服务与规范化管理系列**

弗布克管理咨询中心

编著

# 劳务派遣公司规范化运营手册

STANDARDIZED
OPERATION MANUAL
OF LABOR
DISPATCH COMPANY

·北京·

## 内容简介

《劳务派遣公司规范化运营手册》从劳务派遣公司规范化运营出发,全方位细化了劳务派遣公司组织设计、业务运营与内部管理3个方面的工作,具有很强的实用性和可操作性。

《劳务派遣公司规范化运营手册》内容包括劳务派遣公司的成立与业务范围,劳务派遣公司的组织设计,劳务派遣业务解决方案,劳务派遣业务市场开拓,劳务派遣业务规范化运营,劳务派遣纠纷、风险与内部控制,劳务派遣公司行政人事规范化管理,劳务派遣公司财会税务规范化管理共计8个章节,是一本实操性很强的工作指导用书。

本书适合劳务派遣公司从业人员、企业管理者、人力资源管理人员、管理咨询人员、培训师以及高校相关专业师生使用。

### 图书在版编目(CIP)数据

劳务派遣公司规范化运营手册/弗布克管理咨询中心编著.—北京:化学工业出版社,2021.4(2024.10重印)
(劳务派遣服务与规范化管理系列)
ISBN 978-7-122-38420-1

Ⅰ.①劳⋯ Ⅱ.①弗⋯ Ⅲ.①劳动服务公司-企业管理-中国-手册 Ⅳ.①F249.23-62

中国版本图书馆CIP数据核字(2021)第017225号

---

责任编辑:王淑燕　　　　　　　　　装帧设计:史利平
责任校对:李　爽

---

出版发行:化学工业出版社(北京市东城区青年湖南街13号　邮政编码100011)
印　　装:涿州市般润文化传播有限公司
710mm×1000mm　1/16　印张13　字数225千字　2024年10月北京第1版第4次印刷

购书咨询:010-64518888　　　　　　　售后服务:010-64518899
网　　址:http://www.cip.com.cn
凡购买本书,如有缺损质量问题,本社销售中心负责调换。

---

定　　价:59.00元　　　　　　　　　　　　　　　　　版权所有　违者必究

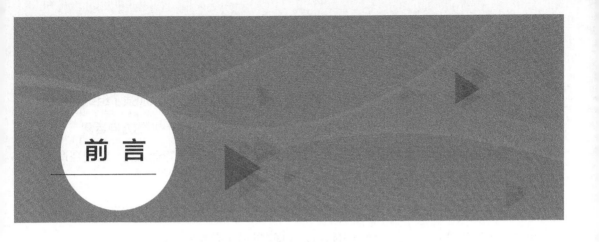

# 前言

劳务派遣这一用工形式在我国从开始应用到现在，可谓是发展迅速，随着经济转型和新技术的发展，我国企事业通过劳务派遣方式的用工规模总体呈现上升的趋势。

劳务派遣这一新的组织形式，要在竞争日益激烈的市场中脱颖而出，劳务派遣公司首先要确保内部各项工作有序、高效运转，这就需要劳务派遣公司在内部形成一套有效的组织体系、运营机制和管理机制，这正是本书要解决的问题。

《劳务派遣公司规范化运营手册》从组织设计、业务运营、内部管理3大维度，沿着劳务派遣公司设立、劳务派遣业务开展、劳务派遣公司内部管理这一主线，从实务的角度将本书分为劳务派遣公司的成立与业务范围，劳务派遣公司的组织设计，劳务派遣业务解决方案，劳务派遣业务市场开拓，劳务派遣业务规范化运营，劳务派遣纠纷、风险与内部控制，劳务派遣公司行政人事规范化管理，劳务派遣公司财会税务规范化管理共计8个章节，为劳务派遣公司运营的规范化管理提供了全方位解决方案。

本书具有如下3大特点。

1. 呈现组织设计

本书从公司组织结构到部门职能分解，再到岗位职责设计，形成了权责清晰、业务清晰、任务清晰的岗位职责体系，为新成立或者需要进行组织设计的劳务派遣公司提供了设计范本。

2. 示范运营设计

本书以业务为中心，从业务解决方案，到业务开拓，再到业务运行，形成了业务规范化运营体系，便于劳务派遣公司"拿来即用"或者"稍改即用"。

3. 规范管理设计

本书从风险、内部控制、行政人事、财务会计、税务等方面,加强了组织的内部管理和管控,规范了组织内部的管理设计,使组织朝着规范化和合规的方向运营。

本书适合劳务派遣公司从业人员、企业管理者、人力资源管理人员、管理咨询人员、培训师以及高校相关专业师生使用。

在本书的编写过程中,程淑丽编写了本书的第1~3章,张丽萍编写了第4、5章,张小会编写了第6~8章。全书由弗布克管理咨询中心统撰定稿。

本书在编写的过程中难免有不妥之处,望广大读者批评指正。

编著者

2020年10月

# 目 录

## 第1章 劳务派遣公司的成立与业务范围　　001

- 1.1 现状与发展　　002
  - 1.1.1 业务模式　　002
  - 1.1.2 发展现状　　002
  - 1.1.3 未来前景　　003
- 1.2 设立条件　　004
  - 1.2.1 资质要求　　004
  - 1.2.2 必备条件　　004
- 1.3 业务范围　　005
  - 1.3.1 代理招聘　　005
  - 1.3.2 代理培训　　005
  - 1.3.3 代发工资　　005
  - 1.3.4 代办保险　　006
  - 1.3.5 择业指导咨询　　006
  - 1.3.6 承办专业技术资格的认定　　006
- 1.4 劳务派遣与其他用工方式　　006
  - 1.4.1 劳务派遣与职业介绍　　006
  - 1.4.2 劳务派遣与企业借调　　008
  - 1.4.3 劳务派遣与人事代理　　010
  - 1.4.4 劳务派遣与人力资源外包　　011

# 第2章　劳务派遣公司的组织设计　　012

## 2.1　组织结构设计　　013
### 2.1.1　业务部组织结构设计　　013
### 2.1.2　招聘部组织结构设计　　014
### 2.1.3　培训部组织结构设计　　014
### 2.1.4　社保部组织结构设计　　014
### 2.1.5　客户服务部组织结构设计　　014
### 2.1.6　财务部组织结构设计　　015
### 2.1.7　法务部组织结构设计　　015
### 2.1.8　行政人事部组织结构设计　　016

## 2.2　部门职能分解　　016
### 2.2.1　业务部职能分解表　　016
### 2.2.2　招聘部职能分解表　　017
### 2.2.3　培训部职能分解表　　018
### 2.2.4　社保部职能分解表　　018
### 2.2.5　客户服务部职能分解表　　019
### 2.2.6　财务部职能分解表　　019
### 2.2.7　法务部职能分解表　　020
### 2.2.8　行政人事部职能分解表　　020

## 2.3　岗位职责设计　　021
### 2.3.1　总经理岗位职责　　021
### 2.3.2　业务部经理岗位职责　　021
### 2.3.3　招聘部经理岗位职责　　022
### 2.3.4　培训部经理岗位职责　　023
### 2.3.5　社保部经理岗位职责　　023
### 2.3.6　客户服务部经理岗位职责　　024
### 2.3.7　财务部经理岗位职责　　024
### 2.3.8　法务部经理岗位职责　　025
### 2.3.9　行政人事部经理岗位职责　　026
### 2.3.10　行政主管岗位职责　　026

|       |                          |     |
|-------|--------------------------|-----|
| 2.3.11 | 人事主管岗位职责       | 027 |
| 2.3.12 | 薪资专员岗位职责       | 027 |
| 2.3.13 | 驻厂专员岗位职责       | 028 |

## 第3章　劳务派遣业务解决方案　　029

### 3.1　用工模式不同的劳务派遣　　030
- 3.1.1　完全派遣　　030
- 3.1.2　短期派遣　　030
- 3.1.3　项目派遣　　031
- 3.1.4　试用派遣　　031
- 3.1.5　减员派遣　　032
- 3.1.6　转移派遣　　033
- 3.1.7　晚间派遣　　034
- 3.1.8　集体派遣　　034
- 3.1.9　钟点派遣　　035
- 3.1.10　双休日派遣　　036

### 3.2　用工岗位不同的劳务派遣　　037
- 3.2.1　行政文秘人员派遣　　037
- 3.2.2　基础技术人员派遣　　040
- 3.2.3　基层生产人员派遣　　042
- 3.2.4　基层服务人员派遣　　045

## 第4章　劳务派遣业务市场开拓　　047

### 4.1　适合劳务派遣的行业及岗位　　048
- 4.1.1　明确适合劳务派遣的行业　　048
- 4.1.2　明确适合劳务派遣的岗位　　048

### 4.2　劳务派遣业务的洽谈技巧　　049
- 4.2.1　技巧一：掌握洽谈礼仪　　049
- 4.2.2　技巧二：掌控洽谈节奏　　050
- 4.2.3　技巧三：展示专业素养　　052

4.3 劳务派遣业务的洽谈话术 053
 4.3.1 情境一：客户讨价还价 053
 4.3.2 情境二：与竞争对手比较 054
 4.3.3 情境三：做决策时犹豫不决 055

4.4 劳务派遣合同的管理 057
 4.4.1 劳务派遣合同的签订 057
 4.4.2 劳务派遣合同的解除 060

4.5 劳务派遣业务开拓制度与流程 062
 4.5.1 制度一：劳务派遣业务拓展规定 062
 4.5.2 制度二：劳务派遣业务提成办法 063
 4.5.3 流程：劳务派遣业务拓展流程 064

# 第5章 劳务派遣业务规范化运营　066

5.1 招聘录用服务 067
 5.1.1 事项一：明确客户招聘需求 067
 5.1.2 事项二：签订代理招聘协议 068
 5.1.3 事项三：人才考核与推荐 069
 5.1.4 流程一：校园招聘服务流程 070
 5.1.5 流程二：专场招聘服务流程 070
 5.1.6 流程三：网络招聘服务流程 070
 5.1.7 制度：招聘录用服务管理制度 074

5.2 培训服务 075
 5.2.1 事项一：确定客户培训要求 075
 5.2.2 事项二：制订培训服务方案 076
 5.2.3 事项三：签订培训服务协议 076
 5.2.4 事项四：培训实施与效果评估 078
 5.2.5 流程：培训服务流程 079
 5.2.6 制度：培训服务管理制度 079

5.3 薪酬福利服务 082
 5.3.1 事项一：代发工资 082

|  |  |  |
|---|---|---|
| 5.3.2 | 事项二：奖金发放 | 083 |
| 5.3.3 | 事项三：劳动保护 | 084 |
| 5.3.4 | 流程：工资代发服务流程 | 084 |
| 5.3.5 | 制度：代发工资管理制度 | 085 |

### 5.4 险金办理服务　　086

|  |  |  |
|---|---|---|
| 5.4.1 | 事项一：代缴五险一金 | 086 |
| 5.4.2 | 事项二：商业医疗补充保险办理 | 087 |
| 5.4.3 | 流程：商业医疗补充保险办理服务流程 | 087 |
| 5.4.4 | 规范：商业医疗补充保险办理服务规范 | 087 |

### 5.5 劳务派遣服务　　089

|  |  |  |
|---|---|---|
| 5.5.1 | 要点一：洽谈劳务派遣方案 | 089 |
| 5.5.2 | 要点二：签订劳务派遣协议 | 092 |
| 5.5.3 | 要点三：建立劳务派遣档案 | 096 |
| 5.5.4 | 流程：派遣方案洽谈流程 | 098 |
| 5.5.5 | 规范：派遣服务工作规范 | 100 |

### 5.6 员工关系服务　　101

|  |  |  |
|---|---|---|
| 5.6.1 | 事项一：被派遣员工合同管理 | 101 |
| 5.6.2 | 事项二：被派遣员工建档管理 | 104 |
| 5.6.3 | 事项三：被派遣员工纠纷管理 | 105 |
| 5.6.4 | 事项四：被派遣员工离职管理 | 106 |
| 5.6.5 | 事项五：被派遣员工退回管理 | 109 |
| 5.6.6 | 流程一：合同签订管理流程 | 110 |
| 5.6.7 | 流程二：档案建立管理流程 | 112 |
| 5.6.8 | 流程三：劳动纠纷处理流程 | 113 |
| 5.6.9 | 规范：员工关系管理制度 | 114 |

### 5.7 理赔报销服务　　117

|  |  |  |
|---|---|---|
| 5.7.1 | 事项一：社会保险报销 | 117 |
| 5.7.2 | 事项二：商业保险理赔 | 118 |
| 5.7.3 | 流程一：工伤认定与费用报销业务流程 | 118 |
| 5.7.4 | 流程二：商业保险理赔服务流程 | 118 |
| 5.7.5 | 制度：社会保险报销管理制度 | 118 |

| | | |
|---|---|---|
| 5.7.6 | 规范：商业保险理赔办理服务规范 | 122 |
| 5.8 | 客户关系服务 | 123 |
| 5.8.1 | 事项一：客户关系维护管理 | 123 |
| 5.8.2 | 事项二：大客户关系管理 | 124 |
| 5.8.3 | 事项三：客户纠纷管理 | 125 |
| 5.8.4 | 流程一：客户关系维护流程 | 126 |
| 5.8.5 | 流程二：客户纠纷处理流程 | 126 |
| 5.8.6 | 制度：客户关系管理制度 | 126 |

# 第 6 章 劳务派遣纠纷、风险与内部控制　　132

| | | |
|---|---|---|
| 6.1 | 劳务派遣纠纷 | 133 |
| 6.1.1 | 纠纷问题聚焦 | 133 |
| 6.1.2 | 纠纷问题处理 | 137 |
| 6.1.3 | 派遣纠纷预防 | 138 |
| 6.2 | 派遣风险识别 | 139 |
| 6.2.1 | 入职风险 | 139 |
| 6.2.2 | 劳动纠纷风险 | 141 |
| 6.2.3 | 工作环节迟滞风险 | 141 |
| 6.2.4 | 商业信息泄露风险 | 141 |
| 6.3 | 派遣风险防范 | 142 |
| 6.3.1 | 健全内部管理 | 142 |
| 6.3.2 | 规避违规派遣 | 142 |
| 6.3.3 | 规范解除合同 | 143 |
| 6.4 | 风险内部控制 | 143 |
| 6.4.1 | 劳务派遣风险内部管控流程 | 143 |
| 6.4.2 | 劳务派遣风险内部控制规范 | 145 |

# 第 7 章 劳务派遣公司行政人事规范化管理　　146

| | | |
|---|---|---|
| 7.1 | 员工纪律管理 | 147 |
| 7.1.1 | 事项一：考勤休假 | 147 |

|  |  |  |
|---|---|---|
| 7.1.2 | 事项二：加班出差 | 148 |
| 7.1.3 | 事项三：保密管理 | 150 |
| 7.1.4 | 制度：劳务派遣员工管理制度 | 152 |

7.2 行政办公管理　　　　　　　　　　　　　　　　　154

|  |  |  |
|---|---|---|
| 7.2.1 | 事项一：办公事务管理 | 154 |
| 7.2.2 | 事项二：行政后勤管理 | 156 |
| 7.2.3 | 流程：接待管理流程 | 156 |
| 7.2.4 | 制度：劳务派遣公司办公事务管理规定 | 156 |

7.3 人力资源管理　　　　　　　　　　　　　　　　　160

|  |  |  |
|---|---|---|
| 7.3.1 | 事项一：员工招聘管理 | 160 |
| 7.3.2 | 事项二：员工培训管理 | 163 |
| 7.3.3 | 事项三：绩效考核与激励 | 166 |
| 7.3.4 | 制度：劳务派遣公司绩效考核办法 | 175 |

# 第8章　劳务派遣公司财会税务规范化管理　　　　177

8.1 工资管理　　　　　　　　　　　　　　　　　　　178

|  |  |  |
|---|---|---|
| 8.1.1 | 事项一：月度工资管理 | 178 |
| 8.1.2 | 事项二：月度工资核算 | 181 |
| 8.1.3 | 流程：月度工资核算管理流程 | 182 |
| 8.1.4 | 规范：月度工资收取发放规范 | 182 |
| 8.1.5 | 制度：月度工资核算管理制度 | 184 |

8.2 财会管理　　　　　　　　　　　　　　　　　　　186

|  |  |  |
|---|---|---|
| 8.2.1 | 事项一：公司预算管理 | 186 |
| 8.2.2 | 事项二：公司成本管理 | 187 |
| 8.2.3 | 事项三：费用报销管理 | 188 |
| 8.2.4 | 流程：公司费用报销流程 | 188 |
| 8.2.5 | 制度一：公司财务预算管理制度 | 190 |
| 8.2.6 | 制度二：公司费用报销管理制度 | 191 |

8.3 税务管理　　　　　　　　　　　　　　　　　　　194

|  |  |  |
|---|---|---|
| 8.3.1 | 事项一：税务风险 | 194 |

8.3.2 事项二：税务筹划　　194

## 参考文献　　196

# 第1章

# 劳务派遣公司的成立与业务范围

## 1.1 现状与发展

### 1.1.1 业务模式

劳务派遣的用工方式因具有简化管理、用工灵活的优势而受到用工单位的欢迎。目前,劳务派遣公司的业务运营模式,大体可分为如下2种。

（1）代理模式

代理模式即劳务派遣公司通过与用工单位签订委托协议的方式,为其提供招聘服务、培训服务、工资代发、社保代理等事宜,用工单位决定被派遣人员的薪酬福利标准,同时,用工单位向劳务派遣公司支付管理费用。

（2）派遣模式

派遣模式即劳务派遣公司向用工单位提供符合其要求的被派遣人员,被派遣人员的薪酬福利待遇由劳务派遣公司与被派遣人员协商确定。用工单位向劳务派遣公司支付管理费、服务费等费用。

### 1.1.2 发展现状

劳务派遣在国内开始应用到现在发展迅速。不少用工单位都会通过选择劳务派遣来满足本单位的用工需求,从而帮助其降低用工成本、提高效率。

当前,国内劳务派遣业务的发展现状呈现出如下特点。

（1）用工单位范围越来越广

除了被运用较多的服务业,目前越来越多的用工单位选择了这种用工方式。如从非国有企业拓展到国有企业、从内资企业拓展到外资企业、从营利性机构拓展到非营利性机构等。

（2）被派遣人员范围广

就被派遣人员的工作岗位而言：目前被派遣人员一般被委派到符合临时性、辅助性或者可替代性要求的工作岗位上工作。加之我国劳动力资源充足，造成被派遣人员的范围从刚出校门到即将退休的劳动者，人员年龄跨度大。

（3）被派遣人员法律意识淡薄

部分被派遣人员由于受自身文化水平的限制，缺少必要的法律知识和自我保护意识，导致出现合法权益受到侵害时无法依法保护自己等问题。

（4）监管力度需加强

鉴于目前的劳务派遣有关的制度还需完善，劳务派遣过程中出现了监管力度不够、劳动者权益没有得到充分的保护等问题，因此还需要完善法律法规，加强依法管理。

### 1.1.3 未来前景

劳务派遣业务模式在促进就业、调节劳动力市场供求等方面发挥着重要的作用。并且在今后一段时期内，劳务派遣作为一种重要的用工形式，将继续发挥其特殊的作用。就其未来的发展，下面进行了简要的说明。

（1）市场规模继续扩大

随着劳务派遣政策的日益完善和用工环境的不断改善，用工单位对被派遣人员的需求量会持续扩大，因而劳务派遣公司数量和规模也会不断增长。

（2）专业化服务水平不断提升

一方面，由于市场竞争的存在，劳务派遣公司管理的规范化程度会不断提高；另一方面，劳务派遣公司可充分运用移动互联网技术提升自身的服务水平，这些都为劳务派遣行业的发展进一步增添了动力。

## 1.2 设立条件

### 1.2.1 资质要求

经营劳务派遣业务需要一定的资质。一般来讲，经营一家劳务派遣公司，需持有劳务派遣许可证、人力资源许可证、营业执照等证件。

### 1.2.2 必备条件

我国对从事劳务派遣业务的企业或组织实施"行政许可"制度，具体法律规定如下。

《中华人民共和国劳动合同法》(下面简称《劳动合同法》)第五十七条规定："经营劳务派遣业务应当具备下列条件：

（一）注册资本不得少于人民币二百万元；

（二）有与开展业务相适应的固定的经营场所和设施；

（三）有符合法律、行政法规规定的劳务派遣管理制度；

（四）法律、行政法规规定的其他条件。

经营劳务派遣业务，应当向劳动行政部门依法申请行政许可；经许可的，依法办理相应的公司登记。未经许可，任何单位和个人不得经营劳务派遣业务。"

2013年7月1日起施行的《劳务派遣行政许可实施办法》第六条规定："经营劳务派遣业务，应当向所在地有许可管辖权的人力资源社会保障行政部门依法申请行政许可。未经许可，任何单位和个人不得经营劳务派遣业务。"在第七条中规定了申请劳务派遣业务应当具备的条件，与《劳动合同法》的规定相同。

## 1.3 业务范围

### 1.3.1 代理招聘

现在不少用工单位的招聘工作都会让第三方代理招聘,这样不但可以降低成本,也能利用第三方的资源快速招聘到适合本单位的人才。

劳务派遣公司提供的代理招聘服务,即用工单位将员工的招聘工作委托劳务派遣公司来做,劳务派遣公司利用公司人才资源,为用工单位提供筛选好的符合其招聘需求的人才。

### 1.3.2 代理培训

根据用工单位的要求,劳务派遣公司会对面试合格的人员进行入职前的培训,从而使新员工更快地熟悉环境与工作要求。

### 1.3.3 代发工资

代发工资是劳务派遣公司的业务之一。代发工资就是根据工资清单将工资通过银行账户逐一发放到员工个人手中或将工资转入用工单位指定工资发放人员账户。其具体工作内容如下。

① 结合用工单位要求编制工资账单。

② 代计算工资和个人所得税项。根据用工单位提供数据,保证数据计算准确无误。

③ 工资发放。保证计算准确,并及时纳税。

### 1.3.4 代办保险

代办保险是劳务派遣公司依照有关人事政策、法规要求,接受用工单位委托,在其服务范围内,为单位提供缴纳养老保险、医疗报销等社会保险费用的一种服务。用工单位通过将保险外包给劳务派遣公司,可以有效地减少用工单位在全国范围内的用工成本,并降低风险。

### 1.3.5 择业指导咨询

劳务派遣公司的业务范围之一是为劳动者提供择业指导咨询。一方面劳务派遣公司给要求就业的劳动者传递就业信息,做劳动者和用人单位沟通的桥梁;另一方面劳务派遣公司还帮助劳动者就"如何选择一个适合自己的职业,以及怎样实现自己的满意就业"这一问题给予辅导。

### 1.3.6 承办专业技术资格的认定

专业技术资格指专业技术人员的专业技术水平、能力以及成就的等级称号,反映专业技术人员的学术和技术水平、工作能力的工作成就。

按照有关规定,劳务派遣公司可以承办专业技术资格的认定和考评申报工作。

## 劳务派遣与其他用工方式

### 1.4.1 劳务派遣与职业介绍

《职业介绍规定》第三十条规定指出:"职业介绍可收取中介服务费。中介服务费由用人单位和求职者双方交纳。具体标准由省、自治区、直辖市劳动行政部门会同当地财政、物价部门确定。"由此可见,职业介绍主要通过中介服务及提供其他相关的服务活动获取报酬。

职业介绍，也被称作职业中介，是指职业介绍机构在接到招聘方（用人单位）和应聘方（求职者）的申请之后，在双方之间进行斡旋，促成双方建立劳动关系，并从中获取报酬的过程。图1-1是职业介绍三方关系示意图。

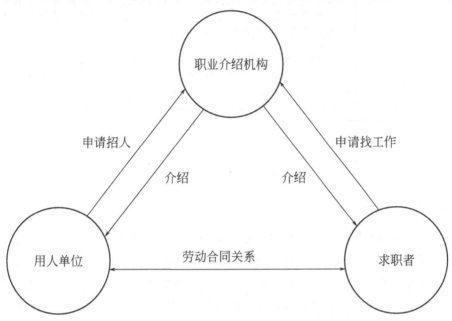

图1-1　职业介绍三方关系示意图

劳务派遣与职业介绍的区别如表1-1所示。

表1-1　劳务派遣与职业介绍的区别

| 要点 | 内容说明 |
| --- | --- |
| 法律关系不同 | 这是职业介绍与劳务派遣最主要的区别，即职业介绍机构与劳动者之间不存在劳动关系。职业介绍本质是一种居间行为；而劳务派遣公司在《中华人民共和国劳动法》（下面简称《劳动法》）、《劳动合同法》的规定下，与劳动者建立劳动关系，然后将劳动者派遣到用工单位从事劳动，劳动者与用工单位之间不存在一般意义上的劳动关系 |
| 对价表现不同 | 在职业介绍中，除约定无偿外，劳动者和用工单位需平均负担居间报酬给职业介绍机构；而在劳务派遣中，一方面，被派遣劳动者自劳务派遣公司处获取与之提供劳务等价的工资，劳动者在无工作期间，劳务派遣公司仍需按最低工资标准向劳动者支付工资，另一方面，作为使用被派遣劳动者的用工单位，应当支付相应的用工费用给劳务派遣公司 |

续表

| 要点 | 内容说明 |
|---|---|
| 签署合同性质不同 | 在职业介绍中，用工单位与职业介绍机构以及劳动者与职业介绍机构之间形成的是一种居间关系，相应签署的职业介绍合同或职业中介合同是指主要受合同法约束的居间合同。而在劳务派遣关系中，劳务派遣公司与用工单位之间签订的是劳务派遣协议，约定劳务派遣的派遣方与用工方之间的权利义务关系 |
| 立法限制不同 | 在职业介绍中，用人单位可以是以从事劳务派遣为业的机构，其通过职业介绍机构招聘员工后再将该员工派遣出去，属于法律规定的范围内；而在劳务派遣关系中，根据《劳动合同法》第六十二条第二款的规定："用工单位不得将被派遣劳动者再派遣到其他用人单位。" |

## 1.4.2 劳务派遣与企业借调

（1）劳务派遣与企业借调的区别

企业借调一般是指用人单位将劳动者于一定期间内借调给其他用人单位，在这期间，受调者接受其他用人单位的直接管理，通常见于关联企业。从表现形式上看，与劳务派遣有很多相似之处，例如借调人员与借调单位无劳动关系，其所有的人事关系仍留在原单位；借调者的工资福利一般由借入与借出单位的约定决定，社会保险等由原单位缴纳。

结合企业借调实际，与劳务派遣相比，二者一般有如下区别，见表1-2。

表1-2 劳务派遣与企业借调的区别

| 比较点 | 内容说明 |
|---|---|
| 人员及岗位 | 企业借调一般涉及相互间的业务合作、人事交流、学习研修等业务，而劳务派遣则主要涉及临时性、辅助性、可替代性岗位的业务 |
| 主营业务 | 企业借调的出借方一般都有自己所在的行业，并不以派遣业务为主营业务，而劳务派遣单位的主业即为人力资源的派遣 |
| 使用频率 | 企业借调并非经常性行为，而劳务派遣则以派遣劳动者为其经营的常态 |
| 专业机构 | 企业借调通常只以企业双方共同意愿为基础，没有所谓专门从事借调业务的机构，而劳务派遣则以派遣公司为其业务运作的前提 |
| 是否获益 | 企业借调通常均是基于人员互动或调剂，一般不以获取经济利益为目的，而劳务派遣则以派遣获益为主要目的 |
| 法律规制 | 借调主要是指借调单位与用人单位在征得职工的同意后进行的行为，而劳务派遣作为一种法律规定的补充性的用工制度，受到《劳动合同法》等法规的严格规制 |

## （2）文书示范

企业之间进行人员借调时，双方会签订借调合同，其示例见表1-3。

表1-3　借调合同示例

| 文书名称 | 借调合同示例 |
|---|---|

甲方（借用方）名称：_____　　乙方（借出方）名称：_____
法定代表人：_____　　　　　　法定代表人：_____
注册地址：_____　　　　　　　注册地址：_____
经营地址：_____　　　　　　　经营地址：_____
丙方（员工）姓名：_____
性别：_____
身份证号：_____
户口所在地：_____
联系电话：_____

　　因工作需要，乙方特借调乙方员工_____（以下简称"丙方"）至甲方工作，三方本着合法公平、平等自愿、协商一致和诚实守信的原则，经友好协商，达成一致意见。
　　一、合同期限
　　本合同期限自___年___月___日起至___年___月___日止。合同期满即终止借调合同。丙方仍返回乙方工作。
　　二、甲方的权利与义务
　　1. 借用期间甲方可根据需要，安排丙方的工作岗位和任务。甲方按_____标准向乙方支付借用费_____元。
　　2. 借用期间甲方可要求丙方遵守各项规章制度，服从管理和教育。甲方可根据工作需求及丙方的表现，确定丙方返回乙方的时间，且应提前____个工作日通知乙方和丙方。若丙方因严重违规违纪被甲方退回乙方，不属违约行为。
　　3. 甲方须为丙方提供必需的劳动条件、劳动工具和工作用品，以及符合国家规定的劳动安全卫生设施和必要的劳动防护用品。
　　三、乙方的权利和义务
　　1. 借用期间乙方应负责对丙方进行管理、教育和违纪处理，并为丙方缴纳各项社会保险费用等。
　　2. 乙方如根据工作需要，决定将丙方撤回，应提前____个工作日通知甲方和丙方。
　　四、丙方的权利和义务
　　1. 借调期间，丙方依然享有乙方员工的各项福利。
　　2. 借调期间，丙方应严格遵守甲乙双方的各项规章制度，并严格完成甲方分配的各项任务。
　　五、其他
　　1. 借调期结束后，如甲、乙、丙三方同意延长借调时间，由三方协商签订续借协议。
　　2. 甲、乙任何一方的违约行为致使本协议无法履行，应向对方支付违约金____元；给对方造成损失的，还应按实际损失额予以赔偿。若发生争议，任何一方可向有管辖权的人民法院提起诉讼。

续表

| 文书名称 | 借调合同示例 |
|---|---|
| 3. 本合同未涉及之处，由三方协商解决。若涉及法律法规，则遵照国家有关规定执行。<br>4. 本合同一式三份，甲、乙、丙三方各执一份，自甲、乙、丙三方签字、盖章之日起生效，具有同等法律效力。<br>甲方：_____（签章）　　乙方：_____（签章）　　丙方：_____（签字）<br>日期：___年___月___日　　日期：___年___月___日　　日期：___年___月___日 | |

### 1.4.3　劳务派遣与人事代理

人事代理实际上是一个民事代理合同，人事代理的双方为依法成立的人事代理机构和用人单位（或者个人），当事人双方是平等的民事关系。

虽然人事代理与劳务派遣从表面上来看都涉及三个主体，但它们仍有明显的区别。

（1）法律关系不同

在劳务派遣中，劳动者与派遣单位之间是劳动关系，他们通过订立劳动合同，建立劳动关系，受到《劳动法》的规制。而在人事代理关系中，劳动者与人事代理中介机构之间是委托关系，不是劳动关系，两者之间通过签订代理协议（见表1-4）的方式处理劳动者的人事业务。

表1-4　人事代理服务协议

| 文书名称 | 人事代理服务协议 |
|---|---|
| 甲方：_____<br>乙方：××××人力资源服务有限公司<br>依照法律法规，甲乙双方本着平等、自愿、协商一致的原则，就乙方接受甲方的委托，在其授权范围内，为甲方提供劳动人事管理有关的服务达成如下协议。<br>一、人事代理服务内容<br>1.<br>2.<br>3.<br>二、协议期限<br>本协议期限自___年__月__日起至___ 年__月__日止，期满后双方如无异议，可以continue续到下一个服务期。<br>三、服务费用（略） | |

续表

| 文书名称 | 人事代理服务协议 |
|---|---|
| 四、双方权利与义务（略）<br>五、违约责任（略）<br>六、争议解决（略）<br>甲方：_____（签章）<br>经办人：_____<br>时间：_____ | 乙方：_____（签章）<br>经办人：_____<br>时间：_____ |

（2）劳动者与实际用人单位的关系不同

在人事代理关系中，劳动者与实际提供劳动的用人单位之间建立劳动关系；而在劳务派遣中，劳动者与用工单位之间不建立劳动关系。

（3）二者提供的服务内容不同

人事代理的主要内容是关于人事代理服务，受各地发布的人事代理方面的法规调整及双方合同的约定限制；劳务派遣的内容是劳动法上所规定的权利和义务，受《劳动法》《劳动合同法》等法律的调整。

## 1.4.4　劳务派遣与人力资源外包

人力资源外包是指企业根据需要将某一项或某几项人力资源管理工作流程或管理职能外包出去，由第三方专业的人力资源外包服务机构或公司进行管理，以期降低经营成本，实现企业效益的最大化。劳动派遣和人力资源外包之间有着明显的不同，具体区别如下。

① 人力资源外包，劳动关系在用工公司（发包方），用工公司和员工签订劳动合同；劳务派遣，劳动关系在劳务派遣公司，用工公司不和员工签订劳动合同，员工和劳务派遣公司签订劳动合同，用工公司和劳务派遣公司签订派遣协议。

②《劳动合同法》规定，"劳务派遣单位是本法所称用人单位，应当履行用人单位对劳动者的义务。"劳务派遣更多地受《劳动法》《劳动合同法》等法规的调整；而人力资源外包，属于民事服务关系，发包方和接受方可自由协商服务内容及方式，受《中华人民共和国合同法》（下面简称《合同法》）等法规的调整。

# 第2章

# 劳务派遣公司的组织设计

## 2.1 组织结构设计

图 2-1 是某劳务派遣公司的组织结构图,仅供参考。

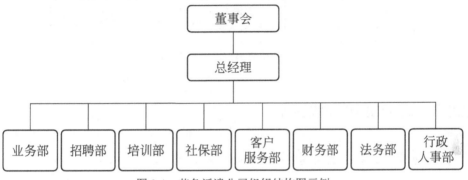

图 2-1 劳务派遣公司组织结构图示例

下面按部门逐个进行介绍。

### 2.1.1 业务部组织结构设计

图 2-2 是某劳务派遣公司业务部设计的组织结构图,仅供参考。

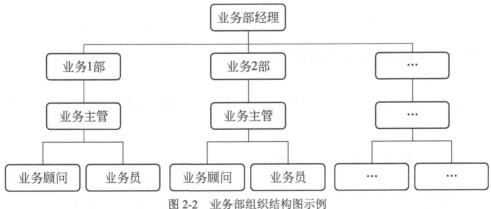

图 2-2 业务部组织结构图示例

## 2.1.2 招聘部组织结构设计

图 2-3 是某劳务派遣公司招聘部设计的组织结构图，仅供参考。

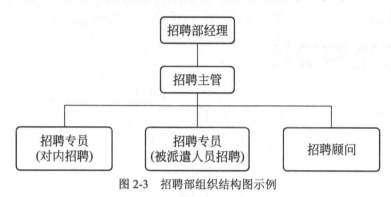

图 2-3　招聘部组织结构图示例

## 2.1.3 培训部组织结构设计

图 2-4 是某劳务派遣公司培训部设计的组织结构图，仅供参考。

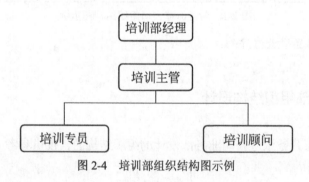

图 2-4　培训部组织结构图示例

## 2.1.4 社保部组织结构设计

图 2-5 是某劳务派遣公司社保部设计的组织结构图，仅供参考。

## 2.1.5 客户服务部组织结构设计

图 2-6 是某劳务派遣公司客户服务部设计的组织结构图，仅供参考。

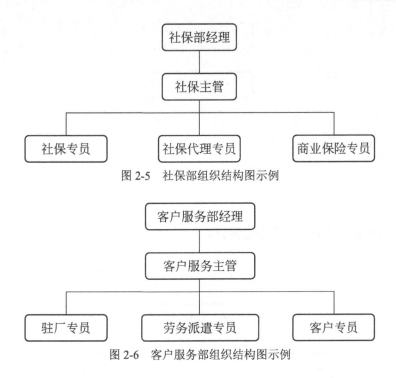

图 2-5 社保部组织结构图示例

图 2-6 客户服务部组织结构图示例

## 2.1.6 财务部组织结构设计

图 2-7 是某劳务派遣公司财务部设计的组织结构图,仅供参考。

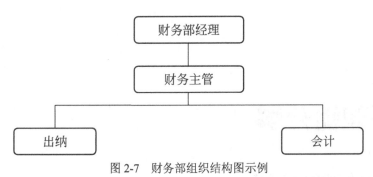

图 2-7 财务部组织结构图示例

## 2.1.7 法务部组织结构设计

图 2-8 是某劳务派遣公司法务部设计的组织结构图,仅供参考。

图 2-8 法务部组织结构图示例

## 2.1.8 行政人事部组织结构设计

图 2-9 是某劳务派遣公司行政人事部设计的组织结构图,仅供参考。

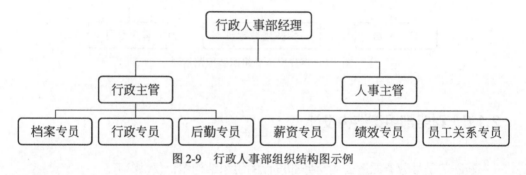

图 2-9 行政人事部组织结构图示例

# 2.2 部门职能分解

## 2.2.1 业务部职能分解表

业务部职能分解表如表 2-1 所示。

**表 2-1　业务部职能分解表**

| 业务部职能 | 职能分解 |
|---|---|
| 1. 业务拓展 | （1）收集并分析当地企业劳务需求情况，确定目标企业<br>（2）制订业务拓展方案<br>（3）对目标企业进行初步咨询、探访，建立目标企业资料数据库<br>（4）定期回访，开发新客户 |
| 2. 品牌推广 | （1）根据品牌定位确定目标客户<br>（2）针对不同级别的客户制订不同的推广方案<br>（3）组织相关部门采取各类媒体广告形式进行品牌推广 |
| 3. 成交业务 | （1）与客户进行沟通，确定客户服务需求<br>（2）分析考察客户情况，制订客户服务方案<br>（3）组织实施业务洽谈，并签订业务协议 |

## 2.2.2　招聘部职能分解表

招聘部职能分解表如表 2-2 所示。

**表 2-2　招聘部职能分解表**

| 招聘部职能 | 职能分解 |
|---|---|
| 1. 内部人员招聘 | （1）明确公司内部人才需求，建立公司人才库，确保公司顺畅运行<br>（2）建立公司各岗位设置方案，进行定岗定编定责工作<br>（3）制定公司内部人才招聘方案，并通过各种招聘手段实施招聘行为 |
| 2. 被派遣人员招聘 | （1）负责对用工单位的用工需求进行分析，确定被派遣人员的招聘要求<br>（2）根据招聘要求，制订招聘实施方案<br>（3）制订招聘公告，并根据公司的实际情况及招工特点，选择合适的信息发布渠道发布招聘信息<br>（4）组织简历的筛选以及应聘者面试工作<br>（5）确定被派遣人员，并协助其办理入职手续 |
| 3. 代理招聘 | （1）协助业务部做好招聘客户的开发、招聘项目建议书的编制、委托招聘协议书的签订等工作<br>（2）全面了解客户招聘需求，编制招聘需求报告<br>（3）根据客户的招聘需求，选择合适方式发布招聘信息<br>（4）按职位要求对应聘者进行初选，并向客户提供候选人信息，确定候选人<br>（5）对客户招用人员情况进行后续跟踪回访 |

### 2.2.3 培训部职能分解表

培训部职能分解表如表2-3所示。

表2-3 培训部职能分解表

| 培训部职能 | 职能分解 |
| --- | --- |
| 1. 内部人员培训 | （1）调查公司培训需求，科学合理地制订培训计划，建立培训体系<br>（2）依据培训计划拟定培训预算，控制培训成本<br>（3）针对培训需求开发设计培训课程，并编写培训教材<br>（4）负责实施培训工作<br>（5）记录和收集培训相关资料，开展培训效果评估工作 |
| 2. 待派遣人员培训 | （1）根据用工单位的实际要求和待派遣候选人的实际情况，针对性地制订培训计划<br>（2）通过各种培训手段，对待派遣人员进行培训并考核培训效果<br>（3）协助待派遣人员完成职业资格认定、职业技能培训等岗前准备工作<br>（4）收集、评估培训效果，妥善保管培训资料 |
| 3. 代理培训 | （1）协助业务部做好培训客户的开发、培训项目建议书的编制、培训合同签订等工作<br>（2）组织实施培训客户调研工作，全面了解客户培训需求，编制培训需求报告<br>（3）根据客户的培训需求组织制订培训计划，并根据客户意见修改培训计划<br>（4）负责做好培训前的准备工作<br>（5）组织实施培训项目<br>（6）组织实施培训项目评估，编制培训评估报告 |

### 2.2.4 社保部职能分解表

社保部职能分解表如表2-4所示。

表2-4 社保部职能分解表

| 社保部职能 | 职能分解 |
| --- | --- |
| 1. 内部员工社保管理 | 负责公司内部员工社保的办理、缴费、异动管理和保险费用报销 |
| 2. 社保代理管理 | 负责针对客户对社会保险服务的需求，提供社保代理方案，并根据与客户签订的社保代理协议组织完成社保代缴代办等代理业务 |

续表

| 社保部职能 | 职能分解 |
|---|---|
| 3. 商业保险管理 | 负责针对客户对商业保险服务的需求,提供商业保险方案,并根据与客户签订的商业保险合同组织完成商业保险办理业务 |

### 2.2.5 客户服务部职能分解表

客户服务部职能分解表如表 2-5 所示。

表 2-5 客户服务部职能分解表

| 客户服务部职能 | 职能分解 |
|---|---|
| 1. 客户关系管理 | (1) 进行有效的客户管理与沟通,了解并分析客户需求<br>(2) 负责客户分级、客户信用评价及客户关系维护等工作 |
| 2. 客户纠纷管理 | (1) 明确纠纷内容,收集相关资料<br>(2) 协助法务部进行客户纠纷处理 |
| 3. 驻厂管理 | (1) 负责收集被派遣人员工资结算的相关资料<br>(2) 负责与用工单位联系,及时了解被派遣人员的情况 |

### 2.2.6 财务部职能分解表

财务部职能分解表如表 2-6 所示。

表 2-6 财务部职能分解表

| 财务部职能 | 职能分解 |
|---|---|
| 1. 账务管理 | (1) 负责公司的成本核算与成本控制,定期审核对外支付款项<br>(2) 负责公司会计凭证、账册、报表等会计资料的收集、汇编和归档等会计档案管理工作<br>(3) 负责会计核算的内部控制,定期进行银行对账和资产清查工作 |
| 2. 资金管理 | (1) 掌握企业银行存款余额,为公司的资金调用提出合理方案<br>(2) 负责审核银行账户收支情况,核对相应会计凭证<br>(3) 组织编制财务现金流量表及其附注资料 |
| 3. 工资发放 | 负责公司员工及被派遣员工的工资发放工作 |

## 2.2.7 法务部职能分解表

法务部职能分解表如表 2-7 所示。

表 2-7 法务部职能分解表

| 法务部职能 | 职能分解 |
| --- | --- |
| 1. 制度建设管理 | 预防和控制公司经营风险,并建立和完善公司法务工作的管理制度 |
| 2. 法律支持管理 | (1)参与公司重大经济活动的谈判工作,并提出减少或避免法律风险的措施和意见<br>(2)协助公司相关部门完善规章制度,对容易出现漏洞的环节加强指导,并建立健全监督约束机制 |
| 3. 合同管理 | 按照国家有关法律法规对公司拟定的各类合同进行审查 |
| 4. 纠纷处理 | 协助公司相关部门处理公司劳动纠纷、合同纠纷等事宜 |
| 5. 法律咨询管理 | 解答法律咨询,为公司各职能部门的日常工作提供建议 |
| 6. 培训管理 | 定期对公司员工进行法律知识培训,提高员工的法律意识 |

## 2.2.8 行政人事部职能分解表

行政人事部职能分解表如表 2-8 所示。

表 2-8 行政人事部职能分解表

| 行政人事部职能 | 职能分解 |
| --- | --- |
| 1. 行政事务管理 | (1)负责公司文件起草和文书档案管理工作<br>(2)负责公司各种会议的准备、组织和记录工作<br>(3)负责公司办公用品的采购、入库和发放工作<br>(4)负责公司印章的保管工作<br>(5)负责公司行政费用预算和计划的编制<br>(6)负责公司公务用车的调度、年检工作<br>(7)负责公司安全、环保、治安、消防的管理工作<br>(8)负责组织实施公司的客户接待工作<br>(9)负责安排公司领导或员工的出差、商务旅行事宜,督促相关人员做好机票、火车票、酒店等的预订工作<br>(10)负责公司用水、用电及电话费用的结算工作 |

续表

| 行政人事部职能 | 职能分解 |
|---|---|
| 2. 人力资源管理 | （1）负责公司人力资源规划和各项规章制度的编制<br>（2）负责公司人员绩效考核体系的设计与实施<br>（3）负责公司人员日常考勤、薪资结算等工作<br>（4）负责公司员工劳动合同管理和纠纷处理工作<br>（5）负责被派遣员工的薪资结算 |

# 2.3 岗位职责设计

## 2.3.1 总经理岗位职责

总经理岗位职责如表2-9所示。

表2-9 总经理岗位职责

| 岗位名称 | 总经理 | 所属部门 | | 岗位编号 | |
|---|---|---|---|---|---|
| 岗位定员 | | 直接上级 | 董事长 | 编制时间 | |
| 职责概述 | 在董事会的领导和授权下，全面计划、领导、控制公司的运作，确保公司战略目标的实现 ||||||
| 岗位职责 | 1. 组织实施公司的发展战略，发掘市场机会，不断促进企业的发展壮大<br>2. 负责公司劳务派遣业务的运营<br>3. 审阅各部门的年度、季度、月度工作计划，并提出指导意见<br>4. 领导建立公司与客户、合作伙伴、各主管部门等单位间顺畅的沟通渠道 ||||||

## 2.3.2 业务部经理岗位职责

业务部经理岗位职责如表2-10所示。

表 2-10 业务部经理岗位职责

| 岗位名称 | 业务部经理 | 所属部门 | 业务部 | 岗位编号 | |
|---|---|---|---|---|---|
| 岗位定员 | | 直接上级 | 总经理 | 编制时间 | |
| 职责概述 | 负责本部门的工作管理，对公司下达的目标、任务的完成负有全面责任 | | | | |
| 岗位职责 | 1. 负责本部门年度、季度、月度计划的制订，并监督计划的执行情况<br>2. 负责对用工单位进行全方位考察，并写出可行性报告，以书面形式呈报总经理<br>3. 拟定与用工单位的合同协议<br>4. 负责协调解决用工单位与被派遣员工之间的重大问题<br>5. 负责本部门人员的招聘与配置，并安排相应的培训<br>6. 负责与各部门之间的协调工作以及各部门之间的交叉业务安排<br>7. 负责公司代理业务的发展（包括业务开发、客户拓展），完善业务渠道，搭建业务渠道体系<br>8. 完成上级领导交代的其他工作 | | | | |

## 2.3.3　招聘部经理岗位职责

招聘部经理岗位职责如表 2-11 所示。

表 2-11　招聘部经理岗位职责

| 岗位名称 | 招聘部经理 | 所属部门 | 招聘部 | 岗位编号 | |
|---|---|---|---|---|---|
| 岗位定员 | | 直接上级 | 总经理 | 编制时间 | |
| 职责概述 | 负责公司全面招聘工作，组织制定招聘管理制度和工作流程，审核招聘工作计划，并监督和控制招聘工作的实施进度及质量 | | | | |
| 岗位职责 | 1. 组织建立健全招聘管理体系，并维护其运行<br>2. 组织编制公司招聘管理的各项制度以及工作流程，并监督执行<br>3. 根据公司人力资源战略和各部门的人员需求状况，组织编制公司招聘计划<br>4. 负责审批部门招聘费用预算，控制招聘成本，严格监督招聘费用预算的使用，控制招聘费用的支出，确保招聘管理费用控制在预算范围内<br>5. 负责监督和控制招聘工作的实施进度和质量<br>6. 根据用工单位的招聘需求，组织实施被派遣人员的招聘工作<br>7. 审批部门的招聘评估报告，并提出招聘流程优化建议及合理的改进措施，并监督实施，确保招聘流程得到优化，节约企业招聘成本<br>8. 负责做好与公司相关部门之间的沟通和协调工作<br>9. 完成上级领导交代的其他工作 | | | | |

## 2.3.4 培训部经理岗位职责

培训部经理岗位职责如表 2-12 所示。

**表 2-12  培训部经理岗位职责**

| 岗位名称 | 培训部经理 | 所属部门 | 培训部 | 岗位编号 | |
|---|---|---|---|---|---|
| 岗位定员 | | 直接上级 | 总经理 | 编制时间 | |
| 职责概述 | 组织建立公司培训体系，指导下属员工制订公司年度培训计划，并定期检查其执行情况，审核培训预算，控制培训成本，管理培训资源，对培训活动进行评估和考核 | | | | |
| 岗位职责 | 1. 根据公司战略发展需求建立和完善培训体系<br>2. 定期了解培训需求，指导制订公司年度培训计划并组织实施，同时监控培训过程<br>3. 负责审批公司培训方案，并监督其执行情况，发现问题及时提出整改意见<br>4. 负责审核公司培训预算，控制培训成本，监督培训预算的使用情况，并制订赏罚措施<br>5. 负责审核培训课程与培训教材，指导培训教材的选择、设计、编写等工作<br>6. 负责组织调研与评估培训项目的效果<br>7. 负责带领本部门与业务部做好培训客户的开发、培训项目的计划、培训项目的实施、培训项目的评估等工作，确保部门工作效率，提高公司培训服务的客户满意度<br>8. 完成上级领导交代的其他工作 | | | | |

## 2.3.5 社保部经理岗位职责

社保部经理岗位职责如表 2-13 所示。

**表 2-13  社保部经理岗位职责**

| 岗位名称 | 社保部经理 | 所属部门 | 社保部 | 岗位编号 | |
|---|---|---|---|---|---|
| 岗位定员 | | 直接上级 | 总经理 | 编制时间 | |
| 职责概述 | 负责公司社保管理工作，确保公司社保工作有序开展 | | | | |
| 岗位职责 | 1. 组织编制公司社保部的各项制度以及工作流程，并监督执行<br>2. 协助业务部有关社保代理业务的洽谈工作，并组织编制社保代理方案<br>3. 负责监督和控制客户社保代缴代办业务的实施进度和质量<br>4. 负责监督和控制客户商业保险办理业务的实施进度和质量<br>5. 负责监督指导客户社保和商业保险费用报销的办理 | | | | |

续表

| 岗位名称 | 社保部经理 | 所属部门 | 社保部 | 岗位编号 | |
|---|---|---|---|---|---|
| 岗位定员 | | 直接上级 | 总经理 | 编制时间 | |
| 岗位职责 | 6. 负责本部门人员的日常管理和培训考核等工作<br>7. 负责监督指导公司内部员工社保的办理、缴费、异动管理和保险费用报销<br>8. 协调本部门与其他部门之间的关系，做好沟通协调工作<br>9. 完成上级领导交代的其他工作 | | | | |

### 2.3.6 客户服务部经理岗位职责

客户服务部经理岗位职责如表 2-14 所示。

表 2-14 客户服务部经理岗位职责

| 岗位名称 | 客户服务部经理 | 所属部门 | 客户服务部 | 岗位编号 | |
|---|---|---|---|---|---|
| 岗位定员 | | 直接上级 | 总经理 | 编制时间 | |
| 职责概述 | 负责公司客户服务项目实施的统筹性工作 | | | | |
| 岗位职责 | 1. 组织编制公司客户服务部的各项制度以及工作流程，并监督执行<br>2. 指导公司劳务派遣业务开展，确保服务质量<br>3. 监督和管理项目的运作情况，及时处理客户纠纷问题<br>4. 负责与用工单位的关系维护，挖掘客户潜在需求<br>5. 合理配合部门员工工作，充分发挥和调动员工的积极性，不断提升员工的工作能力和效率<br>6. 负责组织管理被派遣员工及相关的纠纷处理<br>7. 负责做好与公司相关部门之间的沟通和协调工作<br>8. 完成上级领导交代的其他工作 | | | | |

### 2.3.7 财务部经理岗位职责

财务部经理岗位职责如表 2-15 所示。

表 2-15 财务部经理岗位职责

| 岗位名称 | 财务部经理 | 所属部门 | 财务部 | 岗位编号 | |
|---|---|---|---|---|---|
| 岗位定员 | | 直接上级 | 总经理 | 编制时间 | |
| 职责概述 | 负责公司财务管理工作，组织、协调和指导财务部的日常管理工作，监督执行财务计划 | | | | |

续表

| 岗位名称 | 财务部经理 | 所属部门 | 财务部 | 岗位编号 | |
|---|---|---|---|---|---|
| 岗位定员 | | 直接上级 | 总经理 | 编制时间 | |
| 岗位职责 | 1. 负责组织建立并完善公司财务管理制度和政策，并制订年度、季度财务计划<br>2. 参与公司年度经营计划、财务预算方案等重大财务事项的决策<br>3. 指导财务部定期完成财务决算工作<br>4. 负责公司税收管理和纳税筹划工作<br>5. 定期对公司经营状况进行阶段性财务分析与财务预测，并提出财务改进方案<br>6. 完成上级领导交代的其他工作 | | | | |

## 2.3.8 法务部经理岗位职责

法务部经理岗位职责如表 2-16 所示。

表 2-16 法务部经理岗位职责

| 岗位名称 | 法务部经理 | 所属部门 | 法务部 | 岗位编号 | |
|---|---|---|---|---|---|
| 岗位定员 | | 直接上级 | 总经理 | 编制时间 | |
| 职责概述 | 主持公司法务工作，处理公司在经营活动中产生的法律纠纷，以及维护公司法律权力和利益 | | | | |
| 岗位职责 | 1. 负责起草公司重要法律文书，审核公司各规章制度、规范、合同、协议等的合法性<br>2. 负责公司纠纷案件的管理工作<br>3. 负责公司重要合同的起草及所有对外合同的审核<br>4. 负责建立和完善公司法务管理制度<br>5. 负责制订针对公司内员工的法律培训计划，增强法律意识<br>6. 及时做好与公司其他部门的横向联系，处理好公司相关部门之间的沟通和协调工作<br>7. 定期组织部门员工进行本部门专员知识及公司内相关管理制度的培训、学习，以提高人员的工作效率<br>8. 完成公司其他与法律相关的工作 | | | | |

## 2.3.9　行政人事部经理岗位职责

行政人事部经理岗位职责如表 2-17 所示。

表 2-17　行政人事部经理岗位职责

| 岗位名称 | 行政人事部经理 | 所属部门 | 行政人事部 | 岗位编号 | |
|---|---|---|---|---|---|
| 岗位定员 | | 直接上级 | 总经理 | 编制时间 | |
| 职责概述 | 组织实施公司的行政、人事管理工作,积极配合公司决策管理,对公司各部门进行协调、监督 | | | | |
| 岗位职责 | 1. 组织、指导制定公司行政管理、人事管理等各项管理制度,并监督、检查各项规章制度的执行情况<br>2. 负责组织和指导日常行政管理工作的开展,并对行政费用、各类固定资产进行控制管理,对后勤工作、文件资料进行统筹管理<br>3. 领导、协调公司人事管理的各项工作<br>4. 做好下属人员工作分配,指导、监督和考核其工作成果,发掘培养有潜力的人员<br>5. 完成上级领导交代的其他工作 | | | | |

## 2.3.10　行政主管岗位职责

行政主管岗位职责如表 2-18 所示。

表 2-18　行政主管岗位职责

| 岗位名称 | 行政主管 | 所属部门 | 行政人事部 | 岗位编号 | |
|---|---|---|---|---|---|
| 岗位定员 | | 直接上级 | 行政人事部经理 | 编制时间 | |
| 职责概述 | 负责公司行政管理相关具体工作 | | | | |
| 岗位职责 | 1. 协助行政人事部经理制定公司各项行政管理制度,并对相关制度的执行情况进行监督、检查<br>2. 在行政人事部经理的指导下,按公司年度费用预算,严格控制公司各项行政费用的支出<br>3. 负责公司办公及工作设备的配备、维护及保养<br>4. 负责办公用品的购买和发放<br>5. 负责会议室的管理及会议安排<br>6. 负责对公司固定资产进行登记、造册,定期盘点、维修和保养 | | | | |

续表

| 岗位名称 | 行政主管 | 所属部门 | 行政人事部 | 岗位编号 | |
|---|---|---|---|---|---|
| 岗位定员 | | 直接上级 | 行政人事部经理 | 编制时间 | |
| 岗位职责 | 7. 负责公司内外部各类文件的核对、下发与传达，各类文件资料的整理、编号和归档及文件的打印、复印与装订<br>8. 负责公司用水、用电及电话费用的结算工作<br>9. 负责办公区环境卫生的维持<br>10. 完成上级领导交代的其他工作 | | | | |

## 2.3.11 人事主管岗位职责

人事主管岗位职责如表 2-19 所示。

表 2-19 人事主管岗位职责

| 岗位名称 | 人事主管 | 所属部门 | 行政人事部 | 岗位编号 | |
|---|---|---|---|---|---|
| 岗位定员 | | 直接上级 | 行政人事经理 | 编制时间 | |
| 职责概述 | 负责公司人事管理相关具体工作 | | | | |
| 岗位职责 | 1. 执行人事管理各项规章制度，配合其他业务部门工作<br>2. 根据考核情况提出员工奖惩建议<br>3. 负责协调员工关系，解决劳动纠纷<br>4. 负责公司人事管理信息的上传下达工作<br>5. 建立、维护劳务派遣档案，办理劳动合同签订、变更、解除等事宜<br>6. 完成上级领导交代的其他工作 | | | | |

## 2.3.12 薪资专员岗位职责

薪资专员岗位职责如表 2-20 所示。

表 2-20 薪资专员岗位职责

| 岗位名称 | 薪资专员 | 所属部门 | 行政人事部 | 岗位编号 | |
|---|---|---|---|---|---|
| 岗位定员 | | 直接上级 | 人事主管 | 编制时间 | |
| 职责概述 | 负责公司薪资总额预算、核定、申报工作 | | | | |

续表

| 岗位名称 | 薪资专员 | 所属部门 | 行政人事部 | 岗位编号 | |
|---|---|---|---|---|---|
| 岗位定员 | | 直接上级 | 人事主管 | 编制时间 | |
| 岗位职责 | 1. 协助部门进行薪资总额预算、核定及申报工作，确保人工成本合理化<br>2. 建立薪资台账，负责及时、准确地编制劳动薪资方面的统计报表，提出有关的统计分析报告和改革建议<br>3. 每月汇总分析考勤、休假、加班等薪酬基础数据，及时、准确地核算员工及被派遣员工的薪资<br>4. 协助进行年度调薪、年度奖金制订、人力成本预算等年度项目工作<br>5. 协助统计薪资核算、汇总和分析人力资源数据，编制薪酬管理各项报表，并及时上报上级主管审核<br>6. 完成上级领导交代的其他工作 ||||||

## 2.3.13 驻厂专员岗位职责

驻厂专员岗位职责如表 2-21 所示。

表 2-21 驻厂专员岗位职责

| 岗位名称 | 驻厂专员 | 所属部门 | 客户服务部 | 岗位编号 | |
|---|---|---|---|---|---|
| 岗位定员 | | 直接上级 | 客户服务主管 | 编制时间 | |
| 职责概述 | 负责被派遣员工在用工单位期间的驻厂管理沟通协调，处理突发事务，保障被派遣员工的正常运作 |||||
| 岗位职责 | 1. 负责与用工单位的协调工作<br>2. 负责收集、反馈被派遣员工的工作情况<br>3. 负责协助被派遣员工考勤、请假、离职手续办理<br>4. 及时与用工单位进行沟通交流，处理被派遣员工的日常事宜<br>5. 完成上级领导交代的其他工作 |||||

# 第3章

## 劳务派遣业务解决方案

# 用工模式不同的劳务派遣

## 3.1.1 完全派遣

完全派遣是劳务派遣公司负责被派遣员工整套的派遣管理服务工作的劳务派遣形式,要求劳务派遣公司具备相应的服务能力,包括人员招聘与配置、人员培训、绩效考核、薪酬管理、人员管理、代缴保险与公积金、档案管理等。

在完全派遣模式下,用工单位无须做人力资源管理,降低了管理成本,可更加专注于核心业务。但完全派遣也有其风险,主要有以下两个方面。

① 对劳务派遣公司来说,完全派遣模式下的管理服务工作量大,涉及范围广,需要承担更多的来自法律、管理、财务等方面的风险。

② 对用工单位来说,由于被派遣员工的整套管理都由劳务派遣公司进行,用工单位无法完全掌控被派遣员工的能力素质、工作效率等方面,这对用工单位的生产经营是不利的。

## 3.1.2 短期派遣

当用工单位临时需要一名或数名员工时,便可咨询劳务派遣公司为其提供短期派遣服务。相比传统劳务派遣服务,短期派遣服务更加方便灵活,因此成为不少用工单位弥补暂时性人才缺失常用的解决方式,劳务派遣公司也可从短期派遣服务中获得较大利益。

短期派遣并非适用于任何情况,需要明确短期派遣的形式。一般来讲,短期派遣分为以一定期限进行派遣与以完成某一个工作项目为依据进行派遣。

短期派遣模式下,派遣行为持续时间短,常见于用工单位业务旺季或者某岗位员工因事假、产假等不能正常上岗的情况。

在进行短期派遣时,要特别注意以下问题。

（1）新招聘人员的劳动合同签订

根据《劳务派遣暂行规定》有关要求，劳务派遣公司应当依法与被派遣劳动者订立 2 年以上的固定期限书面劳动合同。而短期派遣协议期明显短于 2 年，因此，公司与被派遣员工签订劳动的同时，要特别约定当次短期派遣服务结束后被派遣员工的安置问题。

（2）规避风险

① 短期派遣虽然方便灵活，但是存在不稳定、大量退回的风险。

② 短期派遣因工作时间较短，不固定，可能对派遣服务质量造成影响。

③ 短期派遣的被派遣员工可能在一定时期内辗转多家用工单位，可能造成商业信息泄露以及合同纠纷等问题。

### 3.1.3　项目派遣

项目派遣是劳务派遣公司为用工单位以项目运作的方式派遣专业人才提供阶段性的项目服务的劳务派遣模式，项目结束，派遣服务相应结束。根据其派遣形式特殊性，实施项目派遣需要注意以下要求与风险。

① 若被派遣人员为新招聘人员，公司应与其签订 2 年以上的固定期限书面劳动合同，不得将合同期限与项目期限混为一体。

② 项目派遣服务中，用工单位需要的往往是某方面的专业人员，这要求劳务派遣公司有这方面的人才储备或者招聘能力。

③ 提供项目派遣服务时，劳务派遣公司除了派遣项目所需专业人员，还需要配备必要的管理人员，参与被派遣员工的管理。

④ 项目派遣面临被大规模退回风险，劳务派遣公司要与用工单位合理签订劳务派遣协议，确保各方利益得到保障。

⑤ 项目派遣容易引发派遣结束后的项目遗留问题，劳务派遣公司要提前预警，与用工单位做好这方面的约定。

### 3.1.4　试用派遣

试用派遣是指用工单位在试用期间将新员工的劳动关系转至劳务派遣公司，然后以派遣的形式试用，其目的是使用工单位在准确选才方面更具保障，免去了由于选拔和测试时产生的误差风险，有效降低了人事成本。

(1) 试用派遣实施要求

根据其派遣形式的特殊性，试用派遣的实施有以下要求。
① 当事员工知悉并同意用工单位试用派遣的用工方式。
② 用工单位提供明确的试用派遣期内被派遣员工的考核方案。
③ 试用被派遣员工与用工单位相同或相似岗位员工同工同酬。

试用期本就是员工与用工单位之间关系较不稳定的时期，用工单位也是为了规避试用期期间的用工风险才采取使用派遣的用工形式，这便将风险转移到了劳务派遣公司。

(2) 开展试用业务时注意内容

劳务派遣公司在开展试用派遣业务时需要注意的内容。

① 试用派遣期满后的员工去留问题。需约定试用派遣期满后被派遣员工退回的细节问题。

② 充分调查了解用工单位。确保用工单位各类资质、执照齐全，充分了解其盈利状态、行业口碑、信用状态、企业文化、工作氛围等。尽量选择各方面条件更加优秀的用工单位进行合作。

③ 充分调查了解被派遣员工。要对被派遣员工进行充分背景调查，了解其从业经历、离职理由、教育背景、身体状况等，尽量避免可能发生的纠纷事件。

④ 跟踪交流。当被派遣员工入职后，公司要定期派专人与被派遣员工交流，跟进其工作状况，了解其心理状态，解决可能出现的各类问题。

### 3.1.5 减员派遣

经用工单位与员工协商，解除双方劳动关系，再由员工与劳务派遣公司建立劳动关系，员工依旧在原用工单位工作的派遣形式，称为减员派遣。减员派遣一般出现在企业用人结构调整升级之时，是一种较为特殊的劳务派遣形式。

(1) 减员派遣一般程序

① 用工单位与被派遣员工解除原有劳动关系时，用工单位要按照国家相关规定合法地与被派遣员工解除原有劳动关系。

② 待用工单位与员工完全解除劳动关系之后，劳务派遣公司再与被派遣员工建立劳动关系。

③ 被派遣员工与劳务派遣公司建立劳动关系后，仍在原用工单位工作。

（2）减员派遣服务时注意的问题

① 弄清被派遣员工与用工单位解除劳动关系选择减员派遣用工形式的原因。

② 密切注意被派遣员工工作状态与心理状态，避免被派遣员工因改变劳动关系而在心理上产生误解与落差，使被派遣员工产生消极怠工、态度散漫的行为。

## 3.1.6 转移派遣

用工单位自行招聘、培训人员，再与劳务派遣公司合作，由劳务派遣公司与员工签订劳动合同，员工在用工单位工作，由劳务派遣公司负责上述员工的薪酬、福利、绩效、档案管理等工作的派遣形式，称为转移派遣。转移派遣是比较常见的派遣形式。

（1）实施转移派遣的要求

① 转移派遣发生之前，用工单位需取得待被派遣员工的同意。

② 转移派遣要求劳务派遣公司全面负责被派遣员工的报酬、福利、绩效评估等内容，对劳务派遣公司的服务能力有较高要求。

一般而言，转移派遣是用工单位有重大人员调整时才会选择的用工形式，转移派遣虽然同时减少了用工单位与劳务派遣公司双方的工作量和用人成本，但也隐藏着一些风险，容易出现一些问题。

（2）转移派遣的风险

① 用工单位退员问题。因劳动关系不在用工单位，用工单位发生用人调整时，可能会优先处理转移被派遣员工，劳务派遣公司可能要为此承担较高风险。为避免这种风险，劳务派遣公司除了在劳务派遣协议中提前详细约定各项风险规避事宜外，在合作前，还要调查了解清楚用工单位选择转移派遣的真实原因。

② 被派遣员工管理问题。由于被派遣员工劳动关系不在用工单位，相应的工资、绩效等管理也不由用工单位主管，无形中让被派遣员工与其他员工产生差别，长期发展可能会影响被派遣员工的工作积极性，而且，由于劳务派遣公司是外部公

司，所以在管理这些被派遣员工时也有诸多不便，管理工作难度较大。这要求劳务派遣公司对用工单位本身管理形式有深入了解，尽量选择贴近用工单位的管理方式，缩小差异。

### 3.1.7 晚间派遣

晚间派遣是指劳务派遣公司为了满足用工单位在晚间这一特定时间获得急需人才的需求而提供的特殊劳务派遣服务形式。由于晚间派遣形式上的特殊性，实施晚间派遣活动有以下要求。

① 劳务派遣公司与用工单位必须有保障被派遣员工安全的方案与措施，保障被派遣员工的人身财产安全。

② 劳务派遣公司需要具备能接受晚间派遣形式的员工储备或者招聘能力。

③ 劳务派遣公司要详细了解用工单位需要采取晚间派遣模式的工作岗位，了解其工作强度、时间，对晚间工作强度大、时间久的岗位，要求被派遣员工除具备专业能力外还要具备相应的身体素质。

### 3.1.8 集体派遣

集体派遣是指国有企事业单位通过劳务派遣公司将闲置的人员派遣给第三方用工单位的劳务派遣形式。

（1）劳务派遣公司开展集体派遣工作的要求

① 被派遣员工具备相应工作能力，具备派遣后重新就业的资质。

② 第三方用工单位的接收条件能够比较容易实现，相关待遇能满足被派遣员工要求。

集体派遣由于涉及劳务派遣公司、被派遣员工、原国有企事业单位、第三方用工单位四个利益体，各类关系的解除、建立和转移比较复杂，劳务派遣公司在开展集体派遣业务时需要注意几个方面。

（2）劳动派遣公司开展集体派遣业务的注意事项

① 了解原国有企事业单位出于何种目的将其员工集体派遣，是企业用人调整

还是员工自身因素质原因不再适用原单位,这方便劳务派遣公司对被派遣员工的素质能力进行判断。

② 确认被派遣员工劳动关系问题,被派遣员工是否已与原单位解除劳动关系,避免因关系错乱引发纠纷。

③ 因涉及被派遣员工原属于国有企事业单位员工,改变劳动关系成为被派遣员工很可能引起其心理不满或不适,劳务派遣公司要与原单位共同做好相应心理辅导和解释工作,避免被派遣员工后期发生消极怠工态度散漫等问题。

### 3.1.9 钟点派遣

钟点派遣是指劳务派遣公司以小时为基本计价单位派遣特定人员到用工单位工作的劳务派遣形式,钟点派遣具有时间短、需求不固定的特点,根据其特性,实施钟点派遣业务具有三点要求。

(1)实施钟点派遣业务的要求

① 要求劳务派遣公司具有意愿从事小时工工作的人员储备或招聘能力。

② 要求被派遣员工工作积极性高,态度端正,能在规定时间完成要求任务。

③ 要求用工单位指派的岗位工作具有独立性强的特点,方便被派遣员工及时独立完成工作,工作完成前后无须过多牵连。

需要钟点派遣用工形式的行业类型很多,其本质目的都是为了更合理地节约成本。但是钟点派遣也有其缺陷和风险,劳务派遣公司要注意三点。

(2)劳务派遣需注意的三点

① 了解钟点派遣的工作内容,确定其是合法合规且可采取钟点派遣形式的工作内容。

② 约定报酬支付事宜。

③ 被派遣员工的工作质量问题,由于钟点派遣时间短,有些甚至是一次性的,被派遣员工可能没有考核心理负担,这样的心理容易导致工作质量下降,造成用工单位不满,因此,劳务派遣公司要特别注意被派遣员工的能力和素质。

## 3.1.10 双休日派遣

双休日派遣是针对用工单位的某些需求，劳务派遣公司以周六、周日为基本计价单位派遣员工到用工单位工作的劳务派遣形式。根据其特性，实施双休日派遣形式具有一些要求。

（1）实施双休日派遣形式具有的要求

① 要求用工单位在双休日有健全的人员管理系统，提供正常的工作环境，委托的工作内容不会因双休日这一特殊时段产生执行上的困难。

② 要求劳务派遣公司具有意愿在双休日提供派遣服务的人员储备或招聘能力。

③ 要求被派遣员工在双休日不会因个人原因耽误工作，并在工作期间保持工作质量与工作积极性。

双休日派遣为用工单位解决了周末加班的问题，规避了正式员工周末加班潜在的法律风险。而对劳务派遣公司来说，双休日派遣不像完全派遣或项目派遣那样工作量大、风险高，但双休日派遣也具有一定缺陷，仍有一些问题需要劳务派遣公司密切关注。

（2）劳务派遣公司关注的问题

① 工作环境与内容。由于是双休日，常规用工单位可能没有像工作日一样完善的工作环境，工作内容也可能更加艰巨或复杂，劳务派遣公司要确定用工单位能提供安全健康的工作环境与工作内容，保护被派遣员工的合法权益。

② 工作时间。劳务派遣公司要确认用工单位委托的工作内容在常规工作强度下是否超出双休日的时间范畴，避免隐性加班，侵犯劳动者合法权益。

③ 工作质量。一般来说，用工单位在双休日没有常规的人员配备，被派遣员工的工作可能得不到有效监督或指导，容易造成工作质量降低。劳务派遣公司要充分了解工作内容，并尽量派遣能力素质较高，可以完全胜任工作的员工，如必要，派驻专人对工作进行监督。

## 用工岗位不同的劳务派遣

### 3.2.1 行政文秘人员派遣

行政文秘人员,并不特指秘书类岗位,而是泛指用工单位组织结构中的非业务非技术类岗位,他们往往在一个企事业单位中扮演着辅助、传递、协调、管理的角色。

(1) 行政文秘人员派遣需要注意以下问题

① 该岗位应具有临时性、辅助性、可替代性中的一个特点。《劳务派遣暂行规定》明确规定,用工单位只能在临时性、辅助性或者可替代性的工作岗位上使用被派遣劳动者。

② 行政文秘人员的派遣形式。完全派遣、短期派遣、减员派遣、转移派遣均适用于行政文秘人员派遣。

(2) 行政文秘人员派遣协议示例

下面以办公室主任助理派遣协议为例进行介绍说明,如表3-1所示。

表3-1 办公室主任助理派遣协议

| 协议名称 | 办公室主任助理派遣协议 | 版　　次 | |
| --- | --- | --- | --- |
| | | 编制日期 | |

甲方(用工单位):　　　　　　　　　　乙方(劳务派遣公司):
地址:　　　　　　　　　　　　　　　　地址:
甲乙双方本着自愿平等、协商一致、公平公正、诚实信用的原则签订本协议,根据《劳动合同法》及《劳务派遣暂行规定》等有关法律法规规定约定协议内容并承诺共同遵守。
一、协议期限
本协议自＿＿＿年＿＿＿月＿＿＿日起至＿＿＿年＿＿＿月＿＿＿日止。

续表

| 协议名称 | 办公室主任助理派遣协议 | 版次 | |
|---|---|---|---|
| | | 编制日期 | |

二、派遣岗位、人数和期限

1. 甲方对派遣岗位、人数和期限的需求如下。
（1）岗位：<u>办公室主任助理</u>；
（2）人数：<u>1</u>人；
（3）工作内容：<u>拟定、办理公文；办理组织会务；调查研究工作；信息处理工作；沟通协调工作；信访接待工作；监督检查工作；公务接洽工作等</u>；
（4）工作地点：_____；
（5）派遣期限：自____年____月____日起至____年____月____日止。

2. 甲方须将需求岗位的岗位说明书提供给乙方，方便乙方按需求配置人员。

3. 乙方按照甲方用工需求，推荐符合条件的劳务派遣员工给甲方择优选用。乙方与被派遣员工签订劳动合同，承担对其的用人单位义务。

4. 甲方承诺，以上岗位符合国家关于劳务派遣只能在临时性、辅助性或者可替代性的工作岗位上实施的要求，并保证没有将延续用工期限分割订立成数个短期劳务派遣协议的情形。

三、工作时间

被派遣员工在甲方实行标准工时工作制，每天工作<u>8</u>小时，每周工作<u>5</u>天，<u>每周六周日休息</u>。

四、休息休假

1. 被派遣员工的休息与休假按照国家规定及甲方的_____规定执行。

2. 甲方负责保障被派遣员工依法休息休假的权利。甲方因生产经营需要安排被派遣员工延长工作时间或在节假日加班加点的，须依法安排调休或支付加班加点工资。

五、劳动报酬

1. 被派遣员工依法享有与其相同或相近岗位劳动者同工同酬的权利，并依法享有用工单位设立的普遍性福利待遇。乙方不得以任何理由克扣甲方支付给被派遣员工的劳动报酬。

2. 甲方与乙方约定的被派遣员工的工资发放时间为每月____日，工资由（□甲方 ☑乙方）以人民币形式支付给被派遣员工本人，不得以实物及有价证券替代货币支付。甲方与乙方均可委托银行代发工资。

3. 甲方与乙方约定，被派遣员工的工资标准采用基本工资和绩效工资相结合的工资管理办法，基本工资为每月____元，绩效工资的发放按照甲方薪酬管理有关规定执行。

4. 甲方须向乙方提供被派遣员工所在岗位的具体薪酬管理办法，并由乙方将具体内容告知被派遣员工。

六、社会保险与住房公积金

被派遣员工的社会保险与住房公积金由乙方负责办理与缴纳。

七、劳动保护、劳动条件与职业危害防护

1. 甲方负责按照国家规定为被派遣员工提供劳动条件与劳动保护，主要包括以下内容。
（1）为其配备工位，工位包括桌、椅、办公文具、办公电脑等；
（2）根据实际情况为其配备工牌、工服等；
（3）定期组织被派遣员工体检；

续表

| 协议名称 | 办公室主任助理派遣协议 | 版　次 | |
| --- | --- | --- | --- |
| | | 编制日期 | |

（4）其他。

2. 被派遣员工前往甲方指定工作地点报到前，乙方应安排被派遣员工进行入职体检，体检费用包含在劳务派遣服务费用之内。

3. 若被派遣员工患病、因公负伤或非因公负伤，甲方负责及时救治，乙方负责保障其享受国家规定的医疗期和相应医疗待遇。

八、被派遣员工退回

1. 对于乙方派出的被派遣员工，有下例情形之一的，甲方可随时将其退回给乙方且无须支付经济补偿金。

（1）严重违反甲方的规章制度的；

（2）严重失职、营私舞弊给甲方造成重大损害的；

（3）被治安处罚、劳动教养等严厉行政处罚的或被依法追究刑事责任的；

（4）从事兼职工作，对完成甲方工作任务造成影响的；

（5）派遣期未满，被派遣员工提出停止派遣或擅自离岗的。

2. 有下列情形之一的，甲方可以退回被派遣员工，但应提前30日通知乙方及被派遣员工本人，符合法律法规关于辞退员工须支付经济补偿情形的，甲方应按照法律规定支付相应的经济补偿金。

（1）被派遣员工患病或者非因工负伤，在规定的医疗期满后不能从事原工作，也不能从事甲方另行安排的工作的；

（2）乙方与被派遣员工签订劳动合同时所依据的客观情况发生重大变化，致使劳动合同无法履行，经乙方与被派遣员工协商，未能就变更劳动合同内容达成一致意见的；

（3）甲方因破产、生产经营发生严重困难或者经营方式调整确需裁减人员的；

（4）被派遣员工不能胜任工作，经过培训或岗位调整后仍不能胜任工作的。

3. 被派遣员工在甲方工作期间，有下列情形之一的，甲方不得将被派遣员工退回乙方。甲方在本条相应的情形消失时并按《劳动合同法》等法律法规规定支付经济补偿金等相关费用后，可将被派遣员工退回乙方。

（1）从事接触职业病危害作业的劳动者未进行离岗前职业健康检查，或者疑似职业病病人在诊断或者医学观察期间的。

（2）被派遣员工患职业病或者因工负伤并被确认丧失或者部分丧失劳动能力的。

（3）被派遣员工患病、因工负伤或者非因工负伤，在规定的医疗期内的。

（4）女职工在孕期、产期、哺乳期的。

（5）法律法规规定的其他情形。

九、劳务派遣服务费用

甲方应承担的相关费用如下：

1. 支付给乙方的劳务派遣服务费，费用标准为每人每月＿＿＿元。

2. 被派遣员工的劳动报酬、各类奖励福利、社会保险、住房公积金费用。

3. 应由甲方承担的被派遣员工工伤事故费用。

4. 退回员工时需要支付经济补偿金的情形下应支付的经济补偿金费用。

续表

| 协议名称 | 办公室主任助理派遣协议 | 版次 | |
| --- | --- | --- | --- |
| | | 编制日期 | |

十、协议解除、终止与变更

1. 若甲方或乙方因实际情况需解除劳务派遣协议，应提前＿＿＿日以书面形式通知对方，经双方同意后可执行，并结清派遣服务费用以及可能存在的赔偿金、违约金等费用，乙方及时召回被派遣员工。

2. 若劳务派遣协议到期，则协议自动终止。

3. 若甲方或乙方确有需要欲变更劳务派遣协议，则双方协商一致后变更劳务派遣协议。若涉及被派遣员工相关利益，应告知被派遣员工并取得其同意。

十一、争议处理

若甲方与被派遣员工发生纠纷，应先由甲方与被派遣员工协商解决，协商未果的，由甲方、乙方、被派遣员工三方协商，仍协商未果的，由乙方负责按照法定程序进行劳动仲裁与诉讼。

十二、违约责任

1. 甲方无故拖欠乙方费用的，每日按拖欠部分＿＿＿%的标准向乙方支付违约金。若甲方拖欠费用时间达＿＿＿日以上，乙方有权解除本协议，并依法追回欠付金额及违约金。

2. 因甲方拖欠费用导致被派遣员工薪酬未能发放或未能如期发放所产生的责任由甲方承担。

3. 因乙方违约需承担违约金或经济补偿的，双方协商并证实后甲方可在当期结算费用时直接扣减。

十三、其他

1. 本协议一式两份，甲乙双方各执一份，自双方签字盖章之日起生效。

2. 本协议未尽事宜，法律法规有相关规定的，按法律法规相关规定执行；法律法规无相关规定的，由双方协商解决；若双方协商未果或发生争议的，按法定程序请权威机构仲裁。

甲方（盖章）： 乙方（盖章）：
法定代表人签字： 法定代表人签字：
（或委托代理人签字）： （或委托代理人签字）：
签订日期：＿＿＿年＿＿＿月＿＿＿日 签订日期：＿＿＿年＿＿＿月＿＿＿日

## 3.2.2 基础技术人员派遣

所谓基础技术人员，是指掌握了用工单位生产经营所需的基本技术和普遍能力的一类人员，用工单位往往不需要这类人员掌握其生产经营所需的核心技术。因此，当用工单位认为某技术岗位无长期存在的必要或具备较高的可替代性，很容易选择劳务派遣人员从事这些岗位的工作。

（1）基础技术人员派遣需要注意以下问题

① 该岗位所需技术是一种较容易习得的、具有普遍规范的技术。

② 该岗位人员无须随时待命，只需阶段性工作或定期工作。

③ 基础技术人员的派遣形式。短期派遣、项目派遣、钟点派遣、双休日派遣均适用于基础技术人员派遣。

（2）基础技术人员派遣协议示例

下面以网络管理员派遣协议为例进行介绍，如表3-2所示。

表3-2　网络管理员派遣协议

| 协议名称 | 网络管理员派遣协议 | 版　次 | |
| --- | --- | --- | --- |
| | | 编制日期 | |

| 甲方（用工单位）：　　　　　　　　　　　乙方（劳务派遣公司）：<br>地址：　　　　　　　　　　　　　　　　　地址：<br>甲乙双方本着自愿平等、协商一致、公平公正、诚实信用的原则签订本协议，根据《劳动合同法》及《劳务派遣暂行规定》等有关法律法规规定约定协议内容并承诺共同遵守。<br>一、协议期限<br>本协议自＿＿＿年＿＿＿月＿＿＿日起至＿＿＿年＿＿＿月＿＿＿日止。<br>二、派遣岗位、人数和期限<br>1. 甲方对派遣岗位、人数和期限的需求如下。<br>（1）岗位：<u>网络管理员</u>。<br>（2）人数：<u>1人</u>。<br>（3）工作内容：<u>管理公司内部网络，包括网络安全、网络配置、软件配置及升级等相关工作；为其他部门提供网络信息技术支持服务；升级和维护服务器；其他电脑及网络设备相关的技术支持工作。</u><br>（4）工作地点：＿＿＿＿＿＿＿＿＿＿＿＿＿＿＿。<br>（5）派遣期限：自＿＿＿年＿＿＿月＿＿＿日起至＿＿＿年＿＿＿月＿＿＿日止。<br>2. 甲方须将需求岗位的岗位说明书提供给乙方，方便乙方按需求配置人员。<br>3. 乙方按照甲方用工需求，推荐符合条件的劳务派遣员工给甲方择优选用。乙方与被派遣员工签订劳动合同，承担对其的用人单位义务。<br>4. 甲方承诺，以上岗位符合国家关于劳务派遣只能在临时性、辅助性或者可替代性的工作岗位上实施的要求，并保证没有将延续用工期限分割订立成数个短期劳务派遣协议的情形。<br>三、工作时间（同办公室主任助理派遣协议相关内容）<br>四、休息休假（同办公室主任助理派遣协议相关内容）<br>五、劳动报酬<br>1. 被派遣员工依法享有与其相同或相近岗位劳动者同工同酬的权利，并依法享有用工单位设立的普遍性福利待遇。乙方不得以任何理由克扣甲方支付给被派遣员工的劳动报酬。 ||||

续表

| 协议名称 | 网络管理员派遣协议 | 版次 | |
| --- | --- | --- | --- |
| | | 编制日期 | |

2. 甲方与乙方约定的被派遣员工的工资发放时间为每月____日,工资由(□甲方 ☑乙方)以人民币形式支付给被派遣员工本人,不得以实物及有价证券替代货币支付。甲方与乙方均可委托银行代发工资。

3. 甲方与乙方约定,被派遣员工的工资标准采用固定月薪制,每月_____元,具体办法按照甲方薪酬管理有关规定执行。

4. 甲方须向乙方提供被派遣员工所在岗位的具体薪酬管理办法,并由乙方将具体内容告知被派遣员工。

六、社会保险与住房公积金(同办公室主任助理派遣协议相关内容)

七、劳动保护、劳动条件与职业危害防护

1. 甲方负责按照国家规定为被派遣员工提供劳动条件与劳动保护,主要包括以下内容。
(1)为其配备工位,工位包括桌、椅、办公文具、办公电脑等;
(2)根据实际情况为其配备工牌、工服、机房钥匙等;
(3)向其交代单位内机房、打印设备等的实际情况;
(4)定期组织被派遣员工体检;
(5)其他。

2. 被派遣员工前往甲方指定工作地点报到前,乙方应安排被派遣员工进行入职体检,体检费用包含在劳务派遣服务费用之内。

3. 若被派遣员工患病、因公负伤或非因公负伤,甲方负责及时救治,乙方负责保障其享受国家规定的医疗期和相应医疗待遇。

八、被派遣员工退回(同办公室主任助理派遣协议相关内容)

九、劳务派遣服务费用(同办公室主任助理派遣协议相关内容)

十、协议解除、终止与变更(同办公室主任助理派遣协议相关内容)

十一、争议处理(同办公室主任助理派遣协议相关内容)

十二、违约责任(同办公室主任助理派遣协议相关内容)

十三、其他(同办公室主任助理派遣协议相关内容)

甲方(盖章): 乙方(盖章):
法定代表人签字: 法定代表人签字:
(或委托代理人签字): (或委托代理人签字):
签订日期:____年____月____日 签订日期:____年____月____日

### 3.2.3 基层生产人员派遣

基层生产人员,一般指直接参与生产,并付出基本技术或体力劳动的人员,对于生产类用工单位来说,基层生产人员的需求很大。若用工单位自行招聘选拔需要付出较多的时间成本,则越来越多的用工单位选择劳务派遣人员从事基层生产工作。

（1）基础技术人员派遣需要注意以下问题

① 用工比例。《劳务派遣暂行规定》明确规定，用工单位应当严格控制劳务派遣用工数量，使用的被派遣劳动者数量不得超过其用工总量的10%。用工总量是指用工单位订立劳动合同人数与使用的被派遣劳动者人数之和。而基层生产人员的需求又往往较大，这要求用工单位合理分配被派遣员工的比例。

② 基础生产人员的派遣形式。完全派遣、短期派遣、项目派遣均适用于基础生产人员派遣。

（2）基层生产人员派遣协议示例

下面以××车间组装人员派遣协议为例进行介绍说明，如表3-3所示。

表3-3 ××车间组装人员派遣协议

| 协议名称 | ××车间组装人员派遣协议 | 版 次 | |
| --- | --- | --- | --- |
| | | 编制日期 | |
| 甲方（用工单位）：　　　　　　　　　　　　乙方（劳务派遣公司）：<br>地址：　　　　　　　　　　　　　　　　　　地址：<br>甲乙双方本着自愿平等、协商一致、公平公正、诚实信用的原则签订本协议，根据《劳动合同法》及《劳务派遣暂行规定》等有关法律法规规定约定协议内容并承诺共同遵守。<br>一、协议期限<br>本协议自＿＿＿年＿＿＿月＿＿＿日起至＿＿＿年＿＿＿月＿＿＿日止。<br>二、派遣岗位、人数和期限<br>1. 甲方对派遣岗位、人数和期限的需求如下。<br>（1）岗位：<u>车间组装员</u>；<br>（2）人数：<u>10人</u>；<br>（3）工作内容：做好操作前各项检查和准备，做好设备日常维护保养工作；根据作业计划或班组长工作安排进行组装工作；节约原辅材料，严格执行物料消耗定额，杜绝生产中的浪费现象；按照标准要求做好工艺质量记录和现场物料标识；按照标准要求做好工艺质量记录和现场物料标识等；<br>（4）工作地点：＿＿＿＿＿＿＿＿＿＿＿＿＿＿；<br>（5）派遣期限：自＿＿＿年＿＿＿月＿＿＿日起至＿＿＿年＿＿＿月＿＿＿日止。<br>2. 甲方须将需求岗位的岗位说明书提供给乙方，方便乙方按需求配置人员。<br>3. 乙方按照甲方用工需求，推荐符合条件的劳务派遣员工给甲方择优选用。乙方与被派遣员工签订劳动合同，承担对其的用人单位义务。<br>4. 甲方承诺，以上岗位符合国家关于劳务派遣只能在临时性、辅助性或者可替代性的工作岗位上实施的要求，并保证没有将延续用工期限分割订立成数个短期劳务派遣协议的情形。 | | | |

续表

| 协议名称 | ××车间组装人员派遣协议 | 版 次 | |
| --- | --- | --- | --- |
| | | 编制日期 | |

三、工作时间

被派遣员工在甲方实行不定时工时工作制，每月休息 4 天，根据班次轮换休息，具体细节见甲方提供的岗位说明书。

四、休息休假（同办公室主任助理派遣协议相关内容）

五、劳动报酬

1. 被派遣员工依法享有与其相同或相近岗位劳动者同工同酬的权利，并依法享有用工单位设立的普遍性福利待遇。乙方不得以任何理由克扣甲方支付给被派遣员工的劳动报酬。

2. 甲方与乙方约定的被派遣员工的工资发放时间为每月____日，工资由（□甲方　☑乙方）以人民币形式支付给被派遣员工本人，不得以实物及有价证券替代货币支付。甲方与乙方均可委托银行代发工资。

3. 甲方与乙方约定，被派遣员工的工资标准采用计件工资制，定额单价为每件____元，具体细节按照甲方薪酬管理有关规定执行。

4. 甲方须向乙方提供被派遣员工所在岗位的具体薪酬管理办法，并由乙方将具体内容告知被派遣员工。

六、社会保险与住房公积金

被派遣员工的社会保险与住房公积金由乙方负责办理与缴纳。

七、劳动保护、劳动条件与职业危害防护

1. 甲方负责按照国家规定为被派遣员工提供劳动条件与劳动保护。由（□甲方　□乙方　☑甲乙双方）负责对被派遣员工开展安全教育。

2. 被派遣员工前往甲方指定工作地点报到前，乙方应安排被派遣员工进行体检，体检费用包含在劳务派遣服务费用之内。

3. 若甲方安排的工作岗位属于国家规定的有毒、有害、特别繁重或者其他特种作业的，甲方除提供必要的劳动保护设施外，还需要定期安排被派遣员工进行健康检查。

4. 若被派遣员工遭受事故伤害或患职业病，甲乙双方均负有责任对其及时救治，并保障其依法享受各项工伤保险等待遇。由乙方按规定为被派遣员工申请工伤认定和劳动能力鉴定。

5. 若被派遣员工患病或非因公负伤，乙方负责保障其享受国家规定的医疗期和相应医疗待遇。

八、被派遣员工退回（同办公室主任助理派遣协议相关内容）

九、劳务派遣服务费用（同办公室主任助理派遣协议相关内容）

十、协议解除、终止与变更（同办公室主任助理派遣协议相关内容）

十一、争议处理（同办公室主任助理派遣协议相关内容）

十二、违约责任（同办公室主任助理派遣协议相关内容）

十三、其他（同办公室主任助理派遣协议相关内容）

甲方（盖章）：　　　　　　　　　　　　乙方（盖章）：

法定代表人签字：　　　　　　　　　　　法定代表人签字：

（或委托代理人签字）：　　　　　　　　（或委托代理人签字）：

签订日期：____年____月____日　　　　签订日期：____年____月____日

## 3.2.4 基层服务人员派遣

基层服务岗位往往工作量大、工作内容重复单一、对岗位人员无特殊要求，比较适合劳务派遣人员。

现给出基层服务人员派遣协议示例保洁人员派遣协议，表3-4，供劳务派遣公司参考。

表3-4 保洁人员派遣协议

| 协议名称 | 保洁人员派遣协议 | 版　　次 | |
| --- | --- | --- | --- |
| | | 编制日期 | |

甲方（用工单位）：　　　　　　　　　　乙方（劳务派遣公司）：
地址：　　　　　　　　　　　　　　　　地址：
甲乙双方本着自愿平等、协商一致、公平公正、诚实信用的原则签订本协议，根据《劳动合同法》及《劳务派遣暂行规定》等有关法律法规规定约定协议内容并承诺共同遵守。
一、协议期限
本协议自＿＿＿年＿＿＿月＿＿＿日起至＿＿＿年＿＿＿月＿＿＿日止。
二、派遣岗位、人数和期限
1．甲方对派遣岗位、人数和期限的需求如下：
（1）岗位：<u>保洁员</u>；
（2）人数：<u>1人</u>；
（3）工作内容：<u>按公司要求高标准做好责任区内的清扫保洁工作；</u>
（4）工作地点：＿＿＿＿＿＿＿＿＿＿＿＿＿＿＿＿＿＿＿＿；
（5）派遣期限：自＿＿＿年＿＿＿月＿＿＿日起至＿＿＿年＿＿＿月＿＿＿日止。
2．甲方须将需求岗位的岗位说明书提供给乙方，方便乙方按需求配置人员。
3．乙方按照甲方用工需求，推荐符合条件的劳务派遣员工给甲方择优选用。乙方与被派遣员工签订劳动合同，承担对其的用人单位义务。
4．甲方承诺，以上岗位符合国家关于劳务派遣只能在临时性、辅助性或者可替代性的工作岗位上实施的要求，并保证没有将延续用工期限分割订立成数个短期劳务派遣协议的情形。
三、工作时间与休息休假
1．被派遣员工在甲方实行不定时工时工作制，每月休息＿＿＿天，根据班次轮换休息。具体细节见甲方提供的岗位说明书。
2．被派遣员工的休息与休假按照国家规定及甲方的＿＿＿＿＿＿＿＿规定执行。
3．甲方负责保障被派遣员工依法休息休假的权利。甲方因生产经营需要安排被派遣员工延长工作时间或在节假日加班加点的，须依法安排调休或支付加班加点工资。
四、劳动报酬
1．被派遣员工依法享有与其相同或相近岗位劳动者同工同酬的权利，并依法享有用工单位设立的普遍性福利待遇。乙方不得以任何理由克扣甲方支付给被派遣员工的劳动报酬。

续表

| 协议名称 | 保洁人员派遣协议 | 版次 | |
| --- | --- | --- | --- |
| | | 编制日期 | |

2. 甲方与乙方约定的被派遣员工的工资发放时间为每月____日,工资由（□甲方 ☑乙方）以人民币支付给被派遣员工本人,不得以实物及有价证券替代货币支付。甲方与乙方均可委托银行代发工资。

3. 甲方与乙方约定,被派遣员工的工资标准采用固定月薪制,每月____元,具体办法按照甲方薪酬管理有关规定执行。

4. 甲方须向乙方提供被派遣员工所在岗位的具体薪酬管理办法,并由乙方将具体内容告知被派遣员工。

五、社会保险与住房公积金

被派遣员工的社会保险与住房公积金由乙方负责办理与缴纳。

六、劳动保护、劳动条件与职业危害防护

1. 甲方负责按照国家规定为被派遣员工提供劳动条件与劳动保护,主要包括以下内容。

（1）为其配备清洁用品,包括扫把、地拖、洗洁精、洗衣粉、洁厕精、洗手液、纸巾、垃圾铲、地拖桶、卫生球、消毒粉等。

（2）为其配备劳保用品,包括毛巾、口罩、胶手套、棉纱手套、雨衣、草帽、水鞋、围裙等。

（3）向其分发清洁用品仓库钥匙。

（4）定期组织被派遣员工体检。

（5）其他。

2. 被派遣员工前往甲方指定工作地点报到前,乙方应安排被派遣员工进行体检,体检费用包含在劳务派遣服务费用之内。

3. 由（☑甲方 □乙方）负责向被派遣员工介绍清洁区域实际情况。

4. 若被派遣员工患病、因公负伤或非因公负伤,甲方负责及时救治,乙方负责保障其享受国家规定的医疗期和相应医疗待遇。

七、被派遣员工退回（同办公室主任助理派遣协议相关内容）

八、劳务派遣服务费用（同办公室主任助理派遣协议相关内容）

九、协议解除、终止与变更（同办公室主任助理派遣协议相关内容）

十、争议处理（同办公室主任助理派遣协议相关内容）

十一、违约责任（同办公室主任助理派遣协议相关内容）

十二、其他（同办公室主任助理派遣协议相关内容）

甲方（盖章）： 乙方（盖章）：

法定代表人签字： 法定代表人签字：

（或委托代理人签字）： （或委托代理人签字）：

签订日期：____年____月____日 签订日期：____年____月____日

# 第4章

# 劳务派遣业务市场开拓

#  4.1 适合劳务派遣的行业及岗位

## 4.1.1 明确适合劳务派遣的行业

劳务派遣作为一种新的用工形式,被许多企业广泛采用,其优点是可以节约成本、人事管理便捷、优化人才结构、赢得竞争优势、推动企业的发展。

劳务派遣涉及的行业极为广泛,其应用的行业主要是服务业、制造业和建筑业,如家政、饭店、铁路运输等。

## 4.1.2 明确适合劳务派遣的岗位

实践中,劳务派遣较多适用于临时性、辅助性或者可替代性的工作岗位。关于劳务派遣的范围,《劳动合同法》第六十六条、《劳务派遣暂行规定》第三条都对其作出了明确的规定,适合劳务派遣的岗位类型如表4-1所示。

表4-1 适合劳务派遣的岗位类型

| 岗位 | 内容说明 |
| --- | --- |
| 临时性工作岗位 | 其指存续时间不超过6个月的岗位,如生产型企业在销售旺季需临时增加的生产、销售人员 |
| 辅助性工作岗位 | 其指为主营业务岗位提供服务的非主营业务岗位,此时用工单位决定使用派遣劳动者,应当经职工代表大会或者全体职工讨论,提出方案和意见,与工会或者职工代表平等协商确定,并在用工单位内公示 |
| 可替代性工作岗位 | 其指用工单位的劳动者因脱产学习、休假等原因无法工作的一定期间内,可以由其他劳动者替代工作的岗位,如女职工休产假时可进行派遣用工 |

就劳务派遣员工在企业内部的就业岗位来划分,使用劳务派遣用工这一方式较

多的岗位如保安、园艺工人、话务员、司机、保洁、后勤管理员等。以上岗位为目前企业较多使用劳务派遣的常见岗位，随着劳务派遣管理和服务的不断发展和完善，会涉及企业更多的其他岗位。

# 劳务派遣业务的洽谈技巧

## 4.2.1 技巧一：掌握洽谈礼仪

（1）见面礼仪

掌握一些见面礼仪，能给客户留下良好的第一印象，为以后顺利开展工作打下基础。见面礼仪如表4-2所示。

表4-2 见面礼仪

| 礼仪 | 内容说明 |
| --- | --- |
| 握手礼 | （1）与他人握手时，目光注视对方，微笑致意，不可心不在焉、左顾右盼<br>（2）握手时要用右手<br>（3）注意握手的力度，需适中 |
| 介绍礼 | （1）介绍自己，需将自己工作的单位、部门、职务、姓名均清晰地告知客户，内容简介大方示例：您好，我是××公司的业务部主管陈东，很高兴认识您<br>（2）介绍他人，其顺序如下：低阶→高阶，自家人→别家人，男士→女士，年轻→年长 |
| 名片礼仪 | （1）递名片。双手食指、拇指执名片的两角，文字正面朝向对方，同时做简短的自我介绍；如双方同时递出，左手接对方名片，右手从对方稍下方递出<br>（2）收名片。起立、上前，双手或右手接名片。接过名片后，当即快速认真默读一遍；另外，接受他人名片时，还应有语言表示。如"请您多关照""请您多指教"等 |

续表

| 礼仪 | 内容说明 |
|---|---|
| 行进礼仪 | （1）上下楼梯。上楼时，领导在前；性别上，男士在前，女士居后。下楼时，男士在前，女士居后；幼者在前，长者居后<br>（2）出入电梯。无人开梯时，客人后进、先出；有电梯服务人员时，让客人先进、先出<br>（3）走廊上，走在客户侧前方两至三步，偶尔向后望，确认客户是否跟上 |

（2）电话礼仪

劳务派遣业务人员进行电话沟通时不仅要学会各种电话沟通礼仪规范，还应熟知电话沟通中的禁忌事项，避免造成尴尬或留给客户不好的印象，从而影响个人及企业形象。

（3）沟通礼仪

实践表明，良好的沟通可以让工作效率翻倍，文明有礼的言辞态度更会令自己赢得他人的尊重。因此，劳务派遣公司员工需掌握业务洽谈中的沟通礼仪。

此外，业务洽谈沟通中的表达应该清晰而准确，表达的要点如表 4-3 所示。

表 4-3 表达的要点

| 要点 | 内容说明 |
|---|---|
| 清晰 | （1）逻辑清晰。表达的逻辑思路很重要，应该把握住表达的主线，让客户明白自己阐述的内容<br>（2）表达清晰。洽谈时避免使用生硬的词汇，要考虑到对方的接受程度 |
| 完整 | 沟通时需将所要传递的信息完整准确地表达出来，便于客户做出决定 |
| 简洁 | 逻辑清晰和信息完整的基础上，应追求语言的简洁 |
| 色彩 | 业务洽谈过程中，适时地穿插生动的比喻和幽默的描述能够更清楚地表达自己的观点和愿望，活跃谈话的氛围 |

## 4.2.2 技巧二：掌控洽谈节奏

劳务派遣业务人员需针对不同客户、不同情况，采取不同的措施，但是总的原则是,掌握好沟通节奏,使沟通进程大体上与客户同步或者适度地引导客户,使其不反感,这样会更有利于劳务派遣业务的成交。

业务员小何到一家用工单位拜访,其沟通内容如下。

小何:"您好,基于我对贵公司的了解,贵公司前期与我们劳务派遣公司有过业务合作。"

客户:"是的,其实你们的服务态度还可以,不过专业方面……"

小何:"是这样的,我解释一下,因为任何一位员工都不是样样精通,况且有时候需要您这边的配合……"

客户:"这我知道。但你似乎没完全理解我的意思。我的意思是……"

小何:"我完全明白您的意思。但是您要知道,一个再优秀的人员,有时团队配合不好,也会影响整体工作效果。"

客户:"不是,我的意思……"

小何:"不好意思。我再补充一下……"

客户:"对不起,我还有事。今天就这样吧。"

在进行劳务派遣业务洽谈时,有些业务员因为想要尽快签单而使用较快的谈话节奏,希望能因此带动与客户沟通的进度。然而,业务员表现得越急切,节奏越快,越会破坏与客户之间的谈话关系,其结果往往适得其反。

要想达到沟通的效果,劳务派遣业务员需掌握如下几个要点。

(1)善于倾听

在劳务派遣业务洽谈中态度友好、面带微笑、谈吐文明、举止有礼的人能够在一定程度上消除客户的反感和抵触心理,更容易提高洽谈成功的可能性。

此外,劳务派遣业务人员还需耐心地倾听客户的谈话。通过倾听,既能体现对客户的尊重,还有助于了解对方的需求,洞察对方的想法,从而随时调整洽谈的策略,使得洽谈工作有助于朝着有利达成工作目标的道路上前进。

(2)巧妙运用肢体语言

沟通方式除了使用语言外,还有非语言方式,即身体语言。劳务派遣业务员需在举手投足间传递所要表达的信息。为了保持与客户之间的良好关系,业务员不妨充分利用以下几种肢体语言。

① 热情的眼神。劳务派遣业务员在与客户交谈时,热情的眼神往往能赢得客户更多的信赖。

② 真诚的微笑。微笑能够表达自己的友好，并且可拉近与客户之间的心理距离，也是尊重客户的一种表现。

③ 身体的动作。如适度地点头，对客户的观点予以肯定等，往往能促进自己与客户之间的关系。

（3）巧妙掌握说话的时机

优秀的劳务派遣业务员大多能抓住与客户谈话中的"决定性瞬间"，进而获得销售转机。因此，业务员要善于把握时机，通过寻找适当的说话时机以掌握谈话节奏，抓住决定性的瞬间，促成销售成功。

### 4.2.3 技巧三：展示专业素养

专业素养是专业知识、专业能力、专业精神等方面的体现。对劳务派遣业务人员而言，其专业素养的体现集中表现在如下几方面，具体内容如表4-4所示。

表4-4 劳务派遣人员专业素养说明

| 方面 | 内容说明 |
| --- | --- |
| 专业知识 | （1）人力资源知识<br>（2）劳务派遣有关法律法规知识 |
| 专业能力 | （1）业务洽谈能力<br>（2）观察能力、沟通能力<br>（3）客户关系维护能力 |
| 专业精神 | （1）虚心学习的心态<br>（2）积极主动的意识<br>（3）敬业与合作 |

专业素养是做好工作的重要基础，为取得更好的工作业绩，就需要劳务派遣业务人员不时地更新业务知识，不断提升工作能力。

## 4.3 劳务派遣业务的洽谈话术

### 4.3.1 情境一：客户讨价还价

客户："我在马路对面的一家公司看到了差不多的服务产品，他们比你们这里便宜很多。"

业务人员："是的，是有人向我们反映那家劳务派遣公司的服务产品比我们的产品便宜一点，不过比较之后，大多数顾客还是选择了我们的产品，……（一句话阐述产品优势），单我说好没用，您亲自体验一下就知道了。"

当客户有劳务派遣需求时，客户会问劳务派遣服务项目的报价，有时会认为劳务派遣公司提出的价格太高，这时会讨价还价。面对这一情形，下面给出了4点建议。

(1) 价格解释

价格解释，是指卖方就其商品特点及其报价的价值基础、行情依据、计算方式等所做的介绍、说明或解答。

对此，当客户提出还价的要求时，劳务派遣业务人员向客户说明影响价格制定的因素，如服务效率、公司人员专业素质等，表明服务价格高的原因。

报价后，对客户提出的疑点和问题，须有问必答，并坦诚、肯定，不可躲躲闪闪、吞吞吐吐。否则，会给人以不实之感。

价格解释对于业务洽谈的双方，都有重要作用。从卖方来看，可以利用价格解释，增强其说服力；从买方来看，可以通过价格解释，了解卖方报价的实质和可信程度，进而做出决策。

(2) 突出优势

当客户对劳务派遣项目服务的价格提出异议的时候，劳务派遣公司业务员应该根据当下的具体情况，合理引导，让其注意力从价格转移到产品或服务的优势，让客户不能只将目光盯在价格上，而是让客户关注到获得这项服务后带来的价值等方面，这样有助于成交。

（3）抓住客户的心理需求

销售要抓住客户在心理上的需求，并给予满足，这样业务洽谈就会变得简单很多。当客户的焦点集中在劳务派遣服务项目价格上时，劳务派遣业务人员可通过客户的言语、肢体语言及其他细节等方面寻找到客户的兴趣点。然后从客户的兴趣点导入，将客户的需求及兴趣点与本公司提供的派遣服务项目合理结合，从而让客户认可本公司的服务进而签订合作协议。

（4）制造好奇，留住客户

该方法是要告诉客户即便自己公司服务产品的价格略高于竞争对手，但自己的客户还是比他们多。这时一来，客户就会想了解其中的缘由，这时劳务派遣业务人员可以从强调自己的优势入手主动引导客户了解产品、体验产品。

### 4.3.2　情境二：与竞争对手比较

向客户介绍服务产品时，一些客户会说，这项服务××公司也有，并且他们还具备……（优势）。遇到这种情况时，劳务派遣业务人员应该怎样来说服客户呢？

（1）介绍独特优势

客户提到这点，这就要求劳务派遣业务人员事先需充分地了解竞争对手的相关信息：竞争对手的优势何在？竞争对手的劣势何在？有哪些资源……在这些信息的基础上，找出与对手的劳务派遣服务产品的差异化之处，即其独特之处。

正如每个人有独特的个性一样，任何一种产品或服务也应有其独特的卖点。或者是服务，或者是信誉，或者是性价比等。在介绍本公司的服务项目时，突出并强调这些独特卖点的重要性，能为业务洽谈成功增加胜算。如在项目产品价格一样的情况下，项目期间的服务可以体现其专业性。在服务上下功夫也可以让客户了解两者的区别从而体现本公司的优势。

必须要注意的是，在客户对比两家或多家公司和服务产品时，切忌不要顶撞客户。最好的话术是："王总，您看……公司的市场，年前的占比，再看看现在……市场份额持续下降。"接下来讲自己产品的比较优势。这样既不驳了客户面子，又巧妙地往自己的产品上引。

（2）不贬低竞争对手

程总的公司近期订单增多，需要增加人员，于是想到了劳务派遣用工这一方式。

某劳务派遣公司的业务员对他说："程总，我们公司的服务水平可是一流的。您看这片区域的××公司、××公司，且不说他们的服务差，单从公司规模来看，……不是我瞧不起他们……"

程总没说太多话，只淡淡地应了句："是吗？"后来就没有下文了。

劳务派遣业务人员客观地评价本公司的优劣、与竞争对手的差异，将选择权交给客户，是一种明智的举动。若能虚心学习竞争对手的长处，挖掘本公司的优势，还能树立起劳务派遣公司良好的品牌形象。

表4-5罗列了2种错误的应答，业务人员应当避免。

表4-5 应避免的情形

| 错误应答 | 点评 |
| --- | --- |
| "您不能只看价格，他们服务质量不行的" | 当顾客言明业务人员公司的价格比其他劳务派遣公司贵的时候，部分业务人员会用贬低别人的方式来应答客户。这种做法一来不符合同行业公平竞争的原则；二来不切实际地贬低竞争对手，只会让客户觉得该业务人员不可信赖 |
| "我们公司的品牌知名度高，××公司是不可比的" | 通过贬低别人来提升自己的方法，并不能对客户造成太大的影响，况且"名牌≠价格高" |

### 4.3.3 情境三：做决策时犹豫不决

在业务洽谈过程中，有这样一种情形：关于劳务派遣服务的各项细节已经谈妥，但到了签订派遣协议时，客户却犹豫了。对这样的情况，劳务派遣业务人员需先了解客户的疑虑，然后采取有针对性的解决措施。

（1）厘清问题所在

客户对劳务派遣服务呈现出有需求，是"想买"的状态，之所以迟迟不下单一定是有担心或者顾虑的问题，劳务派遣业务人员就需要尽快找出这些问题并帮助客户解决。

针对客户犹豫不决的原因，劳务派遣业务人员可以直接询问客户，假如客户愿意说出原因，这时采取恰当的引导措施就有助于交易顺利完成。如果客户不愿意说，那就只有通过观察客户的言谈举止等方式，从销售心理学的角度，对其犹豫不决的原因做一个合理的判断，然后采取对应的措施。

（2）排除客户的犹豫心理

在基本了解客户在签单前犹豫不决的原因后，劳务派遣业务人员就需采取针对性的措施，化解客户的顾虑，并促成劳务派遣协议的签订。下面提供了几条合理化的措施，在具体洽谈过程中，还要根据情况灵活运用。

① 出示主流媒体对产品的相关报道。这里的主流媒体包括报纸、杂志、电视等媒体中关于产品的正面报道，可以用手机或电脑展示给客户看，通过这些信息，消除客户的疑虑。

② 出示产品使用者的推荐信。顾客不会轻信劳务派遣业务人员的说辞，但其他客户使用劳务派遣服务后的评价是他们非常在意的信息。劳务派遣业务人员可以将这些口碑信息整理一下，以便助于让客户做出签订决定。

③ 运用时间紧迫感促使客户签单。劳务派遣业务人员可充分运用公司的优惠措施来吸引客户，如本公司推出的限时优惠活动，活动期限截至本月底，到下月初，价格会上调。通过此举，给客户以时间紧迫感，这样有助于那些举棋不定的客户尽快签单。

# 4.4 劳务派遣合同的管理

## 4.4.1 劳务派遣合同的签订

在劳务派遣这一用工形式中,涉及三方主体:劳务派遣公司、用工企业、被派遣员工。其中,劳务派遣公司与被派遣员工之间属于劳动关系,因此,劳务派遣公司需与被派遣员工签订劳动合同(劳务派遣合同);用工企业与被派遣员工之间是基于劳务派遣协议所产生的一种劳务用工关系。

《劳动合同法》第五十八条第一款规定:"劳务派遣单位是本法所称用人单位,应当履行用人单位对劳动者的义务。劳务派遣单位与被派遣劳动者订立的劳动合同,除应当载明本法第十七条规定的事项外,还应当载明被派遣劳动者的用工单位以及派遣期限、工作岗位等情况。"也就是说,劳务派遣单位与被派遣劳动者订立的劳动合同的必备条款包括如下12个方面的内容,具体内容如下。

① 用人单位的名称、住所和法定代表人或者主要负责人。
② 劳动者的姓名、住址和居民身份证或者其他有效身份证件号码。
③ 劳动合同期限。
④ 工作内容和工作地点。
⑤ 工作时间和休息休假。
⑥ 劳动报酬。
⑦ 社会保险。
⑧ 劳动保护、劳动条件和职业危害防护。
⑨ 法律、法规规定应当纳入劳动合同的其他事项。
⑩ 被派遣劳动者的用工单位。
⑪ 被派遣劳动者的派遣期限。
⑫ 被派遣劳动者在用工单位的工作岗位。

关于劳务派遣合同，劳务派遣公司管理人员还需明确一些内容，具体见表4-6。

表4-6 需明确的内容

| 内容 | 内容说明 |
| --- | --- |
| 劳务派遣合同——期限 | 劳务派遣单位和被派遣劳动者订立的劳动合同期限必须在2年以上 |
| 劳务派遣合同——试用期 | 试用期是在劳动合同期限内，劳务派遣公司对被派遣员工是否合格进行考核，被派遣员工对派遣公司是否符合自己要求也进行考核，这是一种双方双向选择的表现 |

下面是一份劳务派遣合同的范本（表4-7），仅供参考。

表4-7 劳务派遣合同

| 文本名称 | 劳务派遣合同 | 受控状态 | |
| --- | --- | --- | --- |
| | | 编号 | |

甲乙双方依据相关法律规定，在平等自愿、协商一致的基础上订立本合同。
一、合同主体基本情况
甲方（劳务派遣公司）：
法定代表人（或主要负责人）：
注册地址： 邮政编码：
联系电话：
乙方（被派遣员工）：
身份证号码：
户籍地址： 邮政编码：
现居住地： 邮政编码：
联系电话：
二、合同期限
劳动期限自____年____月____日至____年____月____日止。试用期自____年____月____日至____年____月____日止。
三、工作内容、工作地点及要求
1. 甲方派遣乙方工作的用工单位名称：_____。
2. 乙方同意根据用工单位工作需要，从事_____工作，乙方的工作区域或工作地点在_____。
3. 乙方按用工单位的要求应达到以下工作标准：
_____
_____

续表

| 文本名称 | 劳务派遣合同 | 受控状态 | |
| --- | --- | --- | --- |
| | | 编号 | |

_____
_____
_____
_____

四、工作时间和休息休假
1．用工单位安排乙方执行_____工时制度。
2．甲方和用工单位对乙方实行的休假制度有_____
_____。

五、劳动报酬
1．甲方每月_____日前以货币形式支付乙方工资，月工资为_____元。乙方在试用期期间的工资为_____元。甲乙双方对工资的其他约定_____。
2．甲方未能安排乙方工作或者被用工单位退回期间，按照当地最低工资标准支付乙方报酬。

六、劳动条件及工作纪律
1．乙方在被派遣单位工作期间，按岗位（工种）享受劳动保护用品待遇。
2．在合同期间乙方违反被派遣单位管理规章或操作规程给被派遣单位造成经济损失或损害声誉的，按被派遣单位的有关规定，由乙方负责赔偿。
3．乙方应承担保密义务，不得以任何形式向外界提供或泄露被派遣单位的商业秘密，保障被派遣单位的合法权益，维护被派遣单位的利益和社会声誉，造成不良影响的，由乙方承担责任。

七、社会保险
1．甲方根据法律、行政法规负责为乙方办理养老、医疗、工伤、失业、生育等有关手续。
2．甲方为乙方提供以下福利待遇_____
_____。

八、劳动合同变更、解除、终止
1．甲乙双方变更、解除、终止劳动合同依照《劳动合同法》和有关法律法规规定执行。
2．甲方在解除或者终止本合同时，为乙方出具解除或者终止劳动合同的证明，并在____内为乙方办理档案和社会保险关系转移手续。
3．乙方按照双方约定，办理工作交接。甲方应当支付经济补偿的，在办理工作交接时支付。

九、违约责任
任何一方违反本协议规定，给对方造成经济损失的，应视其后果和责任大小按有关规定予以赔偿。

十、劳动争议处理
1．因履行本合同发生的劳动争议，甲乙方双方应协商解决，协商、调解不成，可向当地仲裁机构申请仲裁或向人民法院提起诉讼。
2．本合同未尽事宜或与今后国家和当地有关规定相悖的，按有关规定执行。
3．本合同一式两份，甲乙双方各执一份。双方签字、盖章生效。

续表

| 文本名称 | 劳务派遣合同 | | 受控状态 | |
| --- | --- | --- | --- | --- |
| | | | 编号 | |
| 甲方（公章）： 日期： | | 乙方： 日期： | | |
| 编制日期 | | 审核日期 | 批准日期 | |
| 修改标记 | | 修改处数 | 修改日期 | |

## 4.4.2 劳务派遣合同的解除

（1）被派遣员工辞职

对劳务派遣员工来说，辞职存在着两种形式，即《劳动合同法》的第三十六条、第三十八条条款。《劳动合同法》第六十五条对此的规定是："被派遣劳动者可以依照本法第三十六条、第三十八条的规定与劳务派遣单位解除劳动合同。"法条链接如图4-1所示。

第三十六条　用人单位与劳动者协商一致，可以解除劳动合同。
第三十八条　用人单位有下列情形之一的，劳动者可以解除劳动合同：
(一)未按照劳动合同约定提供劳动保护或者劳动条件的；
(二)未及时足额支付劳动报酬的；
(三)未依法为劳动者缴纳社会保险费的；
(四)用人单位的规章制度违反法律、法规的规定，损害劳动者权益的；
(五)因本法第二十六条第一款规定的情形致使劳动合同无效的；
(六)法律、行政法规规定劳动者可以解除劳动合同的其他情形。
用人单位以暴力、威胁或者非法限制人身自由的手段强迫劳动者劳动的，或者用人单位违章指挥、强令冒险作业危及劳动者人身安全的，劳动者可以立即解除劳动合同，不需事先告知用人单位。

图4-1　法条链接

（2）劳务派遣公司解除合同

劳务派遣公司是劳动派遣合同中的用人单位，解除劳动合同应当遵守法律对用人单位的规定。

《劳动合同法》第六十五条规定,"被派遣劳动者有本法第三十九条和第四十条第一项、第二项规定情形的,用工单位可以将劳动者退回劳务派遣单位,劳务派遣单位依照本法有关规定,可以与劳动者解除劳动合同。"

按照上述规定,被派遣劳动者有下列情形之一的,用工单位可以将被派遣劳动者退回劳务派遣单位。

① 在试用期间被证明不符合录用条件的。
② 严重违反用人单位的规章制度的。
③ 严重失职,营私舞弊,给用人单位造成重大损害的。
④ 被派遣劳动者同时与其他用人单位建立劳动关系,对完成本用工单位的工作任务造成严重影响,或者经用工单位或劳务派遣单位提出,拒不改正的。
⑤ 因被派遣劳动者以欺诈手段使劳务派遣单位在违背真实意思的情况下订立或者变更劳动合同,致使劳动合同无效的。
⑥ 被依法追究刑事责任的。
⑦ 被派遣劳动者患病或者非因工负伤,在规定的医疗期满后不能从事原工作,也不能从事由用工单位另行安排的工作的。
⑧ 被派遣劳动者不能胜任工作,经过培训或者调整工作岗位,仍不能胜任工作的。

下面是一则"解除劳务派遣合同协议"(表 4-8),是劳务派遣公司在办理劳务派遣合同解除事宜时会用到的表单。

表 4-8　解除劳务派遣合同协议

| 文本名称 | 解除劳务派遣合同协议 | 编号 | |
| --- | --- | --- | --- |
| | | 受控状态 | |
| 甲方:_____劳务派遣公司(以下简称甲方)<br>乙方:_____(以下简称乙方)<br>乙方于____年____月____日与甲方签订为期 2 年的劳务派遣合同,该劳动合同期限为____年____月____日至____年____月____日,现甲乙双方同意解除劳动合同关系。经双方协商一致,达成如下协议。<br>1. 自____年____月____日起,双方签订的劳动合同予以解除,双方的权利义务随之终止。<br>2. 甲方按照相关劳动法规规定以及劳动合同书约定的条款,对经济补偿金做如下决定。<br>□不予支付经济补偿金。<br>□按照合同规定,支付经济补偿金共计_____月工资合计_____元。 ||||

续表

| 文本名称 | 解除劳务派遣合同协议 | 编号 | |
|---|---|---|---|
| | | 受控状态 | |

3. 甲方为乙方的社会保险至_____年_____月_____日止。
4. 甲方根据相关劳动法规和规定,向乙方提供劳动合同解除的证明并办理相关离职手续。
5. 乙方应当于本协议签订后_____日内妥善办理所有工作移交手续,离职后不得作出有损公司名誉或利益的事,否则将承担相应的法律责任及所造成的全部损失。
6. 本协议书一式二份,甲、乙双方各执一份。
　　甲方(盖章):　　　　　　　　　　　　乙方(签字或盖章):_____
　　日期:___年__月__日　　　　　　　　　日期:___年__月__日

# 劳务派遣业务开拓制度与流程

### 4.5.1 制度一:劳务派遣业务拓展规定

劳务派遣业务拓展规定如表4-9所示。

表4-9 劳务派遣业务拓展规定

| 制度名称 | 劳务派遣业务拓展规定 | 版　次 | |
|---|---|---|---|
| | | 编制日期 | |

第1条 目的
为了发挥劳务派遣公司全体员工的能动性,规范拓展人员的具体行为,进一步提高公司的工作效率和服务水平,推动公司经营工作健康持续发展,特制定本规定。
第2条 适用范围
本规定适用在公司业务拓展过程中,通过向客户推荐劳务派遣服务信息,并成功签订合作协议的人员。
第3条 职责划分
1. 本劳务派遣公司员工均可在公司规定的范围内开展业务拓展工作。
2. 财务部负责对激励项目的毛利率管控,负责公司成本费用支出的审批,负责奖金的发放。

续表

| 制度名称 | 劳务派遣业务拓展规定 | 版 次 | |
| --- | --- | --- | --- |
| | | 编制日期 | |

第4条 业务拓展类型
本劳务派遣公司员工可以在原有客户和现有服务产品的基础上进行拓展，也可以开发潜在的市场。

第5条 业务拓展行为规范
1. 拜访客户前，应事先将所需的资料准备好。
2. 注意着装和个人形象，力图给客户留下良好的第一印象。
3. 严格依照本公司业务流程处理相关业务活动。
4. 为了有效地开展劳务派遣业务的拓展工作，业务拓展人员应对客户的信息进行调查核实。对客户尤其是新开发客户的基本信息是否属实进行调查，填写客户基本资料表，并对其信用状况进行评估。
5. 业务拓展人员应认真填写报表，及时反馈市场动态及竞品信息，提出合理化意见。
6. 办公室对业务拓展人员填报的报表进行抽查回访。如发现虚假信息，依照本劳务派遣公司规定进行处理。

第6条 奖励标准
1. 奖励基数。本劳务派遣公司对员工的激励，以最终签订的服务协议费总额扣除税金支出后的项目税后收入作为奖金基数。
2. 提成比例。结合业务拓展人员在项目引荐、劳务派遣业务洽谈、协议签订等过程中起到的作用，参照下述不同标准的比例进行现金奖励。
（1）业务拓展人员向客户推荐优质项目信息，在公司的主导下最终实现项目合同的签订以及费用回款的，按照奖金基数×____%的标准对其予以奖励。
（2）业务拓展人员主导业务协议的签订，按照奖金基数×____%的标准对其予以奖励。

第7条 奖金发放时间
1. 合作协议签订完毕，公司依据奖金总额的____%为业务拓展人员发放奖金。
2. 服务项目依照协议约定的回款时间回款后，兑现奖金剩余的部分。

附表 客户基本资料表

| 客户单位名称 | 单位类型 | 经营类别 | 地址 | 联系人 | 联系电话 | 合作意向 | 备注 |
| --- | --- | --- | --- | --- | --- | --- | --- |
| | | | | | | | |
| | | | | | | | |
| | | | | | | | |

## 4.5.2 制度二：劳务派遣业务提成办法

劳务派遣业务提成办法如表4-10所示。

表 4-10 劳务派遣业务提成办法

| 制度名称 | 劳务派遣业务提成办法 | 版　次 | |
|---|---|---|---|
| | | 编制日期 | |

**第 1 条　目的**

劳务派遣业务提成制度强调以业绩为导向，按劳分配为原则，通过提成充分调动业务人员的积极性，创造更佳的业绩。

**第 2 条　提成计发频率**

1. 按时间划分提成周期分为月度、季度、半年度和年度。
2. 按服务项目完成时间划分为一次性提成和分次提成。

**第 3 条　提成基数**

提成基数以业务人员上月底完成销售额及财务回款数为基本依据，计算提成时须扣除相应的业务费用成本。

**第 4 条　提成比例设计**

本公司实行按业务量设计提成比例的设计思路，即每位业务人员每月有一定的任务量，根据其业绩计发提成，提成按销售额的一定百分比计算。

（1）＿＿＿＿笔招聘业务（派遣人数在＿＿＿＿人以上）超出任务额的部分，依照＿＿＿＿％比例计算提成。

（2）＿＿＿＿笔培训业务（收入在＿＿＿＿元以上），超出任务额的部分，依照＿＿＿＿％比例计算提成。

（3）其他劳务派遣业务，收入在＿＿＿＿元以上，超出任务额的部分，依照＿＿＿＿％比例计算提成。

**第 5 条　奖励**

1. 除计发提成外，业务人员的全年工作任务额超过本人应完成的任务额，公司给予奖励。
2. 超过＿＿＿＿万至＿＿＿＿万元的，另行奖励＿＿＿＿％；超过＿＿＿＿万至＿＿＿＿万元的，另行奖励＿＿＿＿％；超过＿＿＿＿万至＿＿＿＿万元的，另行奖励＿＿＿＿％。

**第 6 条　费用开支说明**

因业务洽谈而产生的费用，须先征得公司领导同意并填写费用申请单审批后方可列支。

**第 7 条　附则**

本制度自发布之日其实施。

## 4.5.3　流程：劳务派遣业务拓展流程

劳务派遣业务拓展流程如图 4-2 所示。

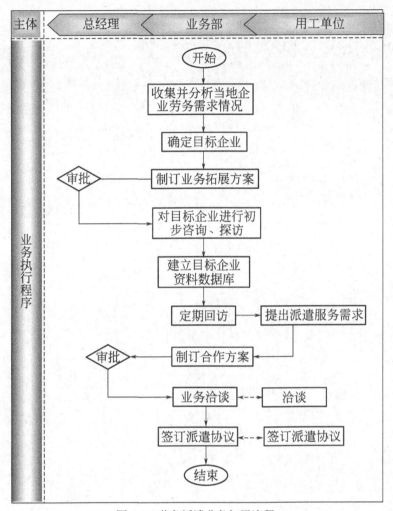

图 4-2 劳务派遣业务拓展流程

# 第5章

# 劳务派遣业务规范化运营

## 5.1 招聘录用服务

### 5.1.1 事项一：明确客户招聘需求

(1) 招聘需求分析

劳务派遣公司与用工单位沟通，详细了解招聘岗位及职责说明、招聘要求、工资标准及其他配套待遇等信息。

劳务派遣公司根据这些条件进行目标分析，从而明确客户公司用人的真正需求。

由于劳务派遣的岗位需要，劳务派遣公司也需要根据用工单位具体的招聘需要填写招聘需求申请表（见表5-1），进行所需人员的招募。

表 5-1 招聘需求申请表

| 申请日期 | | 申请部门 | | 招聘人数 | |
|---|---|---|---|---|---|
| 申请原因 | \multicolumn{5}{l|}{□员工离退　□业务增量　□新增业务　□候补储备} |
| | 说明 | | | | |
| 紧急程度 | \multicolumn{5}{l|}{□特急　□急　□一般} |
| 招聘方式 | \multicolumn{5}{l|}{□网络招聘　□人才市场　□熟人推荐} |
| \multicolumn{6}{|c|}{招聘岗位人员要求} |
| 性别 | | 年龄 | | 学历 | |
| 专业 | | 工作经验 | | 外语水平 | |
| 其他标准 | | | | | |
| 部门经理意见 | | | | | |
| 行政人事部意见 | | | | | |
| 总经理意见 | | | | | |

（2）确定招聘渠道

根据用工单位的用人需求，劳务派遣公司结合自身的资源，选择合适的招聘渠道，从而保证招聘被派遣人员的数量和质量。下面提供了其中的 4 种渠道。

① 劳务派遣公司在招聘网上公布信息。

② 劳务派遣公司到人才市场上发布招聘信息，参加人才市场组织的招聘会，在招聘会上招聘用工单位所需的人员。

③ 劳务派遣公司与学校的招生就业处沟通，直接去学校招聘。

④ 劳务派遣公司与同行合作，招聘合适人员。

### 5.1.2 事项二：签订代理招聘协议

劳务派遣公司拥有专业化、平台化的优势，结合用工单位招聘的需要，可以为企业提供个性化、全程化的代理招聘服务。在实施这一服务之前，双方需签订一份代理招聘协议，以明确双方的权责关系。表 5-2 为一则代理招聘协议书。

表 5-2　代理招聘协议书

| |
|---|
| 甲方（用工单位）：_____　　乙方（劳务派遣公司）：_____<br>办公地址：_____　　办公地址：_____<br>联系电话：_____　　联系电话：_____<br>甲方因工作需要，现委托乙方招聘相关人才，经双方充分协商，议定以下条款，以便双方共同遵守。就甲方委托乙方招聘事宜，经过双方平等自愿、友好协商，双方达成如下协议。<br>一、甲方的委托招聘事项<br>1．招聘期限：\_\_\_\_年\_\_\_\_月\_\_\_\_日至\_\_\_\_年\_\_\_\_月\_\_\_\_日。<br>2．招聘人数及要求。（略）<br>二、甲方的权利和义务<br>1．甲方应将招聘岗位描述、工作职责、工作地点、薪资福利、生活条件等用工基本信息和当期要求人数、男女比例、专业要求、到岗时间等具体用工计划以书面形式告知乙方，向乙方出具单位（企业）营业执照副本复印件和招聘委托书。<br>2．甲方需根据劳动政策法规及本协议的规定，切实保证乙方员工的合法权益。<br>3．甲方对乙方输送的新进员工，试用期内新进员工经过筛选不符合要求的，或在提供人员过程中违反甲方厂纪厂规要求的，甲方有退回乙方或要求乙方另行安排新人选的权利，但应提前 5 天书面通知乙方。<br>4．甲方对乙方推荐的候选人进行面试后，必须在\_\_\_\_个工作日内给出明确的录用意见，并用书面形式通知乙方。 |

续表

> 5．对乙方不履行本协议的，甲方有权追求违约责任。
> 三、乙方的权利和义务
> 1．乙方须按甲方提出的招聘要求和条件推荐候选人，并保证所推荐候选人的个人资料的真实性。
> 2．乙方不得将甲方提供的资料移作他用，否则，由此产生的一切责任及经济损失由乙方承担。
> 3．员工由乙方按照甲方的具体要求进行招聘，由甲方按照录用标准择优录取，乙方输送的人员一经确定，甲乙双方应拟定输送清单，并签字、盖章，作为支付费用附件。
> 4．如果乙方推荐的候选人上岗后，试用期内被解聘或离职（甲方违约除外），甲方需在人才离岗后____日内向乙方提出书面要求，在甲方已支付乙方相关服务费后，乙方提供同等的免费服务。
> 5．对甲方不履行协议的，有权追究违约责任。
> 四、协议的变更、解除、终止和续订
> 甲乙双方应共同遵守本协议的各项条款。在协议履行期间，未经对方同意，任何一方不得变更解除；若一方因国家重大政策改变或不可抗力等因素不能履行此协议，应及时通知对方，双方通过协商，对协议进行变更或解除。
> 五、招聘服务费用及预付定金
> 双方约定代理招聘服务费为：每人次____元。共____人，计____元。在协议签订时，甲方预付定金____元给乙方。
> 六、招聘费用支付方式
> 1．按实际录用人数一次性结算支付给乙方（扣除预付定金）。
> 2．录用人员车费由___承担。
> 3．双方面试和护送人员的差旅费用各自承担。
> 七、其他条款
> 1．未尽事宜，由甲乙双方协商解决。
> 2．生效日期：本协议经甲、乙双方签字盖章和乙方收到定金时起生效。
> 3．本协议一式二份，双方各执一份。
> 甲方（盖章）：_____　　　　　乙方（盖章）：_____
> 日期：____年____月____日　　　　　日期：____年____月____日

### 5.1.3 事项三：人才考核与推荐

（1）对派遣人员进行筛选

根据因事择人、德才兼备的原则对应聘人员进行初步筛选，将优秀的派遣人员输送至用工单位进行面试（面试记录表示例见表5-3），从而提高用工单位的招聘效率。

表 5-3  面试记录表示例

| 姓名 | | 性别 | | 年龄 | |
|---|---|---|---|---|---|
| 应聘职位 | | 所属部门 | | 面试日期 | |
| 考核要素 | 考核要点 | 面试表现 | | | |
| | | 优秀 | 好 | 一般 | 略差 | 差 |
| 仪容仪表 | 打扮得体 | | | | | |
| | 言行举止恰当 | | | | | |
| 专业技能 | 岗位知识掌握情况 | | | | | |
| | 计算机运用情况 | | | | | |
| | 岗位技能掌握情况 | | | | | |
| 沟通协调能力 | 语言表达能力 | | | | | |
| | 工作协调能力 | | | | | |

(2) 协助用工单位对派遣人员进行面试

劳务派遣公司将挑选好的被派遣人员集中起来,并协助用工单位做好对被派遣人员的面试工作。面试完毕,对被录用人员进行名单确认,并安排、组织被录用人员进行体检安排及其个人的信息采集等工作。

### 5.1.4 流程一:校园招聘服务流程

校园招聘服务流程如图 5-1 所示。

### 5.1.5 流程二:专场招聘服务流程

专场招聘服务流程如图 5-2 所示。

### 5.1.6 流程三:网络招聘服务流程

网络招聘服务流程如图 5-3 所示。

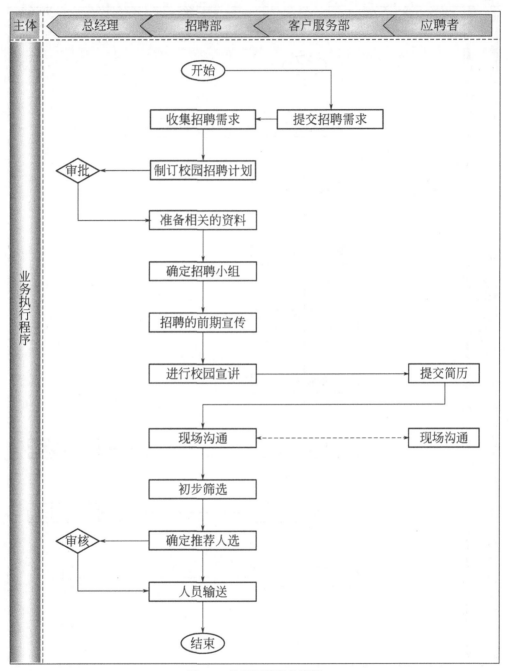

图 5-1 校园招聘服务流程

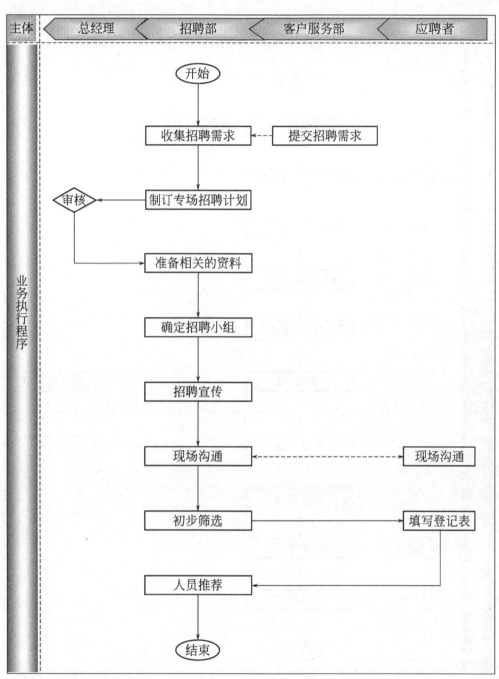

图 5-2 专场招聘服务流程

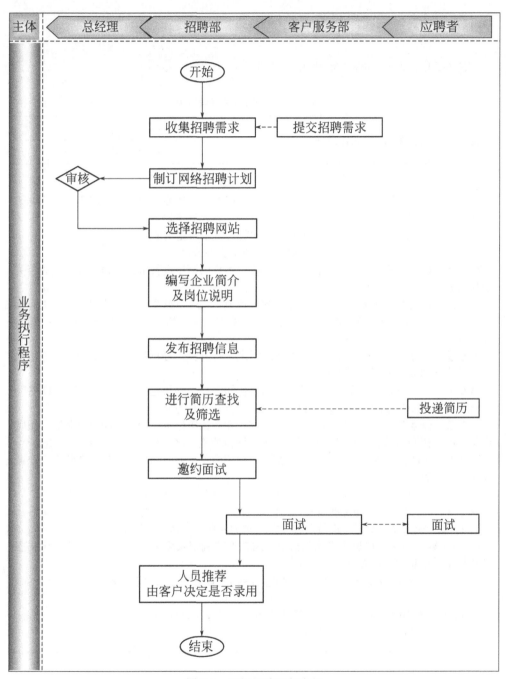

图 5-3 网络招聘服务流程

## 5.1.7 制度：招聘录用服务管理制度

招聘录用服务管理制度如表5-4所示。

表5-4 招聘录用服务管理制度

| 制度名称 | 招聘录用服务管理制度 | 版 次 | |
|---|---|---|---|
| | | 编制日期 | |

第1章 总则

第1条 为规范招聘录用服务的实施程序，明确招聘录用服务业务的实施要求，为本劳务派遣公司有序开展招聘录用服务提供有效保障，特制定本制度。

第2条 本制度适用于招聘录用服务业务实施过程的规范与管理。

第2章 招聘录用服务流程

第3条 在接到客户的招聘委托意图后，应对客户的资质进行审查，确定其提供的相关信息的真实性。

第4条 登记客户的招聘需求，具体内容包括但不限于下列项：客户公司简介、工作时间、工作地点、招聘岗位的类别、岗位任职者基本要求、招聘人数、招聘时限、招聘预算、社会保险及录用办法等。

第5条 在登记信息后，应对客户的招聘需求进行分析，分析结束后，应同客户进行沟通，并将招聘需求分析结果告知客户。

第6条 对接受的招聘委托，应及时将结果告知客户，并与之签订"代理招聘协议书"，协议内容包括委托招聘事项、双方权利和义务、费用支付方式等。

第7条 根据客户的招聘需求，选择合适方式发布招聘信息，明确招聘单位名称、招聘岗位名称、招聘人数、岗位任职者资格要求、岗位职责、薪资范围、面试程序等信息。

第8条 按职位要求对求职个人进行初选，并按照1：_____比例确定推荐给客户企业面试的求职者。

第9条 将岗位候选人推荐给客户，并同客户一起确定复试时间、复试地点等。

第10条 将复试相关信息准确告知岗位候选人，并组织相关候选人参加复试。

第11条 根据复试情况，进行后续相关工作的处理，具体如下所示。

1. 对于客户对岗位候选人满意的情形，需在客户确定录用求职者的_____日内，将服务费用支付信息发送给客户。

2. 对于客户对岗位候选人不满意的情形，继续为客户推荐其他求职者。

第3章 附则

第12条 本制度由劳务派遣公司招聘部制定、解释与修订。

第13条 本制度经劳务派遣公司总经理批准后实施。

## 5.2 培训服务

### 5.2.1 事项一：确定客户培训要求

劳务派遣公司对被派遣员工开展岗前培训前应先与客户进行面谈，确定客户的培训要求，为客户提供满意的岗前培训服务。

（1）面谈前的准备

劳务派遣公司与客户面谈前应做好以下准备。
① 了解客户的企业性质、规模、经营状况及相关资质。
② 了解客户的发展历史、企业文化及经营理念。
③ 了解客户的信用状况、行业口碑。
④ 本公司的宣传册及相关培训业务介绍。

（2）实施面谈

劳务派遣公司在与客户实施面谈的过程中，应重点对以下内容进行记录。
① 客户培训发起原因。
② 培训岗位。
③ 培训内容。
④ 工作的现状。
⑤ 业务开展的目标。

（3）确定培训要求

劳务派遣公司首先对与客户面谈的记录进行分析，初步确定客户培训的要求，然后编制客户培训要求报告，再进一步与客户进行确认，最后最终确认客户培训的要求。

## 5.2.2 事项二：制订培训服务方案

劳务派遣公司根据客户培训要求，初步制订针对性培训服务方案。培训服务方案的内容主要包括以下内容。

（1）培训目标

培训目标是对员工在知识与技能、过程与方法、情感态度与价值观等方面的培养上期望达到的程度或标准，也就是说培训结束后员工应达到的预期行为。

（2）培训时间

培训时间的选择应综合考虑客户员工岗位的特殊性以及培训的内容。

（3）培训内容

培训内容主要是根据客户的培训要求而设计，要充分满足客户的需求。

（4）培训方式

培训方式应根据培训内容进行选择，劳务派遣公司常用的培训方法包括课堂讲授、小组讨论、多媒体教学、案例研究、角色扮演、游戏训练、演示操作等。

（5）培训服务费用

不同的培训服务方案，培训服务费用不同。

（6）培训场地

首先根据不同的培训内容和培训方法，选择不同的培训场地，然后再结合客户的实际情况，选择最佳场地。公司在选择培训场地时，主要参考培训场地周围环境、培训场地的整体环境、培训场地的空间及参训人员数量、培训场地的配套设施、客户到培训场地的方便程度等因素。

## 5.2.3 事项三：签订培训服务协议

制订培训服务方案后，劳务派遣公司应就方案与客户先进行沟通，确定方案，然后再进一步对岗前培训服务其他事宜洽谈，意见达成一致后，双方签订培训服务协议。委托培训服务协议如下（表5-5），仅供参考。

表5-5 委托培训服务协议

| 文书名称 | 委托培训服务协议 | 版　　次 | |
|---|---|---|---|
| | | 编制日期 | |

甲方：
乙方：××劳务派遣公司
甲、乙双方依据《合同法》及相关法律法规和当地有关规定，经友好协商，就甲方委托乙方提供培训服务事宜，达成如下协议。
一、协议期限
本协议期限为＿＿＿＿年＿＿＿＿月＿＿＿＿日至＿＿＿＿年＿＿＿＿月＿＿＿＿日。
二、培训费用及其结算
1. 经双方协商，培训费用总额为＿＿＿＿元人民币。
2. 甲方应在培训实施后的＿＿＿＿个工作日内向乙方支付培训服务费用。
3. 甲方支付乙方培训服务费用的方式可为银行汇款或现金。若甲方以银行汇款方式支付总费用，应汇入以下乙方指定的账号：
乙方名称：＿＿＿＿＿＿＿＿＿＿
乙方开户行：＿＿＿＿＿＿＿＿＿＿
乙方账号：＿＿＿＿＿＿＿＿＿＿
4. 乙方应向甲方提供准确的汇款账号，若因其所提供的账号不准确所产生的费用均由乙方承担。
三、甲方的权利与义务
1. 甲方有权要求乙方按照本协议约定提供相应的服务，同时按照本协议的规定按时向乙方支付总费用。
2. 甲方负责提供企业内容及参训人员名单。
3. 未经乙方同意，甲方不得私自传播乙方提供的教材、讲义等学习资料，也不得在授课过程中擅自使用任何录制、摄影设备。
4. 培训期间，未经甲方同意，乙方擅自缩短培训课程，甲方有权要求乙方改正。
四、乙方的权利与义务
1. 乙方应按照本协议的约定向甲方提供培训服务，同时有权要求甲方按照本协议的约定在规定的时间内支付总费用。
2. 乙方负责提供培训场地。
3. 乙方应根据培训需要提供相应的设施设备、师资、教材等教学条件，教学设施设备应符合安全标准。
4. 未经甲方同意，乙方不得将参训人员转交给其他培训机构实施教学。
5. 根据需要调整教学安排，乙方须提前＿＿＿＿个工作日通知甲方，未经甲方同意，不得擅自调整。
五、违约责任
1. 若甲方违反其在本协议中所做的陈述、保证或其他义务，导致乙方遭到损失，则乙方有权要求甲方予以赔偿。

续表

| 文书名称 | 委托培训服务协议 | 版　次 | |
|---|---|---|---|
| | | 编制日期 | |

2. 若乙方未按本协议履行，则应退还甲方所交费用。
六、其他
1. 若甲方违反本协议规定，经劝告无效或造成恶劣影响的，乙方有权提前解除协议。
2. 若乙方违反本协议规定，双方无法协议或者协商不成的，甲方有权提前解除协议。
3. 本协议在履行过程中发生争议的，双方应友好协商解决，协商不成的，任何一方可向所在地劳动争议仲裁委员会提起仲裁或人民法院提起诉讼。
4. 甲乙双方因各自原因解除协议的，按照相关规定办理退费，造成经济损失的，依法承担赔偿责任。
5. 对本协议内容的任何修改或变更需要用书面形式，并经双方确认后生效。
6. 本协议一式两份，甲乙双方各执一份。协议自签订之日起生效，具有同等法律效力。
甲方（盖章）：　　　　　　　　　　　乙方（盖章）：
甲方代表（签字或盖章）：　　　　　　乙方代表（签字或盖章）：
日期：＿＿＿年＿＿＿月＿＿＿日　　　日期：＿＿＿年＿＿＿月＿＿＿日

### 5.2.4　事项四：培训实施与效果评估

（1）培训实施

培训服务协议签订后，劳务派遣公司依据培训服务方案开始实施培训。

①做好培训的前期准备工作。培训前期的准备工作主要包括6点：发通知，告知学员培训流程安排、培训时间等；与培训讲师再次确定培训内容和目标，并落实其行程安排，防止出错；打印教学讲义；制作横幅、展架等宣传品；设计并制作学员培训评估表等；布置培训场地，调试教学设备，摆放文具。

②培训实施过程控制。劳务派遣公司应安排培训负责人对培训服务过程进行配合、监督、检查，确保培训能顺利进行，并做好各项记录工作，对不当之处，应及时给予纠正。

（2）培训效果评估

劳务派遣公司在完成培训服务工作之后，应安排专人对该培训项目进行跟踪，并收集评估所需要信息，然后组织开展培训效果评估工作。

①确定培训效果评估的内容。劳务派遣公司可从学员反应评估、学习效果评

估、学习行为评估和成果评估四个层次对客户企业员工的培训效果进行评估。

② 确定培训效果评估的方法及时间。劳务派遣公司应根据不同的培训效果评估层次，选择其对应的评估方法及时间。一般的培训效果评估方法包括问卷调查、评估访谈、培训时观察、笔试、技能操作、工作模拟等。

培训效果评估的时间：学员反应评估一般在培训项目结束时，学习效果评估一般在培训项目结束时，学习行为评估一般在培训前及培训结束后3～6个月，成果评估一般在培训结束后半年至一年。

③ 培训效果跟踪。培训服务结束后，劳务派遣公司应建立客户培训服务效果跟踪档案，持续跟踪培训效果。

④ 编制培训效果评估报告。负责培训效果跟踪人员应按要求及时提交客户培训效果评估报告，并提出培训工作改进意见，以提高客户企业的培训效果。

### 5.2.5　流程：培训服务流程

培训服务流程如图5-4所示。

### 5.2.6　制度：培训服务管理制度

培训服务管理制度如表5-6所示。

表5-6　培训服务管理制度

| 制度名称 | 培训服务管理制度 | 版　次 | |
| --- | --- | --- | --- |
| | | 编制日期 | |
| 第1条　目的<br>为规范本公司培训服务业务，更好地为客户提供培训服务，特制定本制度。<br>第2条　适用范围<br>本制度适用于本公司培训服务业务的管理。<br>第3条　责任分工<br>1. 业务人员负责与客户进行业务沟通，获取需求信息，编制并签订培训服务协议，对培训服务的满意度进行调查。<br>2. 专业人员负责研发课程，制订培训服务方案，组织培训效果评估。<br>3. 培训讲师负责进行培训课程的讲解。<br>4. 总经理负责相关文件的审批工作。 ||||

续表

| 制度名称 | 培训服务管理制度 | 版次 | |
| --- | --- | --- | --- |
| | | 编制日期 | |

第4条 培训服务内容
本公司提供的培训服务内容,主要包括以下方面。
1. 企业员工入职培训。
2. 人力资源相关法律法规政策培训。
3. 个人能力开发、个人素质提升培训。
4. 专业技术培训、职业技能培训、职业道德培训。
第5条 培训服务流程
本公司培训服务流程主要包括以下方面。
1. 确定客户培训要求。
业务人员负责与客户进行业务沟通,获取需求信息,提交给课程研发专业人员,然后由课程研发专业人员对其需求进行调查分析,确定客户培训要求。
2. 课程研发。
课程研发专业人员根据需求分析结果及客户、培训讲师的意见,研发培训课程。
3. 制订培训服务方案。
课程研发专业人员根据培训课程制订培训服务方案。培训服务方案的内容包括培训目的、培训时间、培训内容、培训方式、培训服务费用、培训场地及食宿安排等。
4. 签订培训服务协议。
业务人员首先就培训服务方案与客户进行洽谈,然后根据洽谈结果编制培训服务协议,提交至法律专业人员审核、总经理审批。
培训服务协议的内容包括协议期限、培训收费及支付方式、双方的权利与义务、违约责任等。
5. 实施培训。
培训讲师根据培训课程的内容确定授课方式,并进行讲解。培训负责人员全程进行配合、监督、检查。
6. 培训效果评估。
培训结果后,公司应安排评估专业人员对本次培训服务项目进行效果评估,主要是调查培训内容的针对性和合理性等。
7. 建立培训档案。
公司应建立客户培训档案,将客户接受培训的具体情况和培训结果详细记录备案,作为后期业务开展的基础。
第6条 附则
1. 本制度由人力资源部负责制定、修改与解释。
2. 本制度经总经理签字批准后实施。

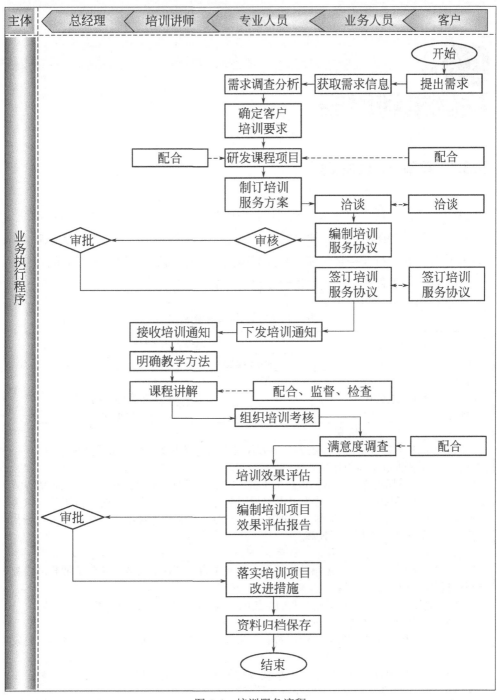

图 5-4　培训服务流程

## 5.3 薪酬福利服务

### 5.3.1 事项一：代发工资

接受客户的委托，劳务派遣公司代客户向其员工发放工资，这属于劳务派遣公司提供代发工资的服务，这项服务可以减轻客户单位的烦琐工作。为了更顺畅地推行这一业务，在进行业务合作前，双方需事先签订委托协议，以明确双方的责任。

下面是一则委托代发工资的协议（表5-7）。

表5-7 委托代发工资协议

| |
|---|
| 甲方：（用工企业）＿＿＿＿＿＿＿＿＿＿＿＿＿＿（以下简称"甲方"）<br>地址：＿＿＿＿＿＿＿＿＿＿＿＿＿＿邮政编码：＿＿＿＿＿＿<br>电话：＿＿＿＿＿＿＿＿＿＿＿＿＿＿传真：＿＿＿＿＿＿<br>乙方：（劳务派遣公司）＿＿＿＿＿＿＿＿＿＿＿＿＿＿（以下简称"乙方"）<br>地址：＿＿＿＿＿＿＿＿＿＿＿＿＿＿＿＿＿＿＿＿邮政编码：＿＿＿＿＿＿<br>电话：＿＿＿＿＿＿＿＿＿＿传真：＿＿＿＿＿＿<br>甲乙双方经平等友好协商，就乙方为甲方代发员工工资事项，达成如下协议。<br>一、员工工资发放主体与程序<br>1. 甲方自愿委托乙方代发本公司员工工资，本协议所指的工资包括工资、奖金等以货币形式支付的各种福利待遇。员工工资支付周期为月度支付，本月支付上月工资，核算周期为一个月。由乙方每月根据员工的上月工作时间与工作考核结果，结合员工工资待遇标准计算员工上月应得工资数额。<br>2. 委托期限自＿＿年＿＿月＿＿日至＿＿年＿＿月＿＿日。<br>3. 乙方于每月＿＿号按时足额地发放员工上月工资，遇休息日或法定年节假日的需提前至最近的工作日支付。并提供发放凭证至甲方。<br>4. 员工离职，按规定办理了相关离职手续的，其离职工资应按正常结算日期发放。<br>二、员工工资结构与标准<br>1. 员工工资标准由甲方确立，但应符合国家及员工工作所在地政府的相关规定，且发放标准不低于当地最低工资标准。<br>2. 甲方应足额地发放员工工资，但可按照有关规定在工资中扣除如下项目，并将员工应缴纳的个人所得税及各项社会保险费支付至乙方。<br>（1）员工应缴纳的个人所得税。 |

续表

> （2）员工个人应缴纳的各项社会保险费。
> （3）法律、法规规定的或甲/乙方与员工约定的其他应当代扣的款项。
> 三、其他
> 1. 在本协议周期内，若员工在领取工资时发现有误，应向甲方进行咨询。若是由于甲方的过错，则由乙方负责进行调账，若调账失败则由甲乙双方妥善处理。
> 2. 本协议与双方签订的《劳务派遣合同》中有冲突的，以本协议内容为准；除本协议约定内容外，《劳务派遣合同》其他条款不变。
> 3. 本协议的委托期限到期后，若双方无异议，则委托期限自动顺延一年。
> 4. 本协议经双方签字盖章后生效，未尽事宜，由甲乙双方协商解决。
> 5. 本协议一式两份，由甲乙双各执一份，具有同等法律效力。
>
> 甲方（盖章）：　　　　　　　　　　　乙方（盖章）：
> 代表人：　　　　　　　　　　　　　　代表人：
> 日期：　　　　　　　　　　　　　　　日期：

## 5.3.2 事项二：奖金发放

奖金发放的原则为鼓励先进、鞭策后进、奖优罚劣、奖勤罚懒。劳务派遣公司需根据被派遣员工个人的业绩、工作表现进行奖金的评定与发放。

（1）明确奖金发放的标准

奖金发放要有一个合适的标准。如果没有一个合适的标准，奖金的发放不但起不到激励作用，还可能会引起负面效果。劳务派遣公司在制订奖金发放的标准时，需注意，所制订的标准应该是统一的，被公司员工所认可的且具有较强的操作性。

（2）设置合理的奖励周期

奖励周期是指核算超额劳动、支付奖金的时间单位，该周期的确定应视奖励指标的性质和工作需要选择。例如，对与企业整体经济效益和社会效益相关的奖励，可采取年度奖的形式；针对持续的、有规律的生产和工作设置的奖项如产量奖、质量奖等，可采取月奖、季奖等形式。

（3）选择奖金发放时机

掌握奖金发放的时机很重要。一般说来，"雪中送炭"较"锦上添花"会让领取奖金的员工感触更深。科学地选择奖金发放时机，有助于增强奖金的激励功能。

劳务派遣公司可以在满足用工单位服务需求的前提下，适当延长奖金发放间隔期，提高奖金感知强度，以达到强化奖金激励作用的效果。

（4）注意奖金发放形式

按照奖金发放的形式，可以分为货币奖金和非货币奖金。货币奖金即为用金钱来衡量的奖金；非货币奖金则形式很丰富，如购书抵用券、旅游机票等。在确定奖金发放形式时，有一点原则必须掌握，即奖金无论采用什么形式，一定要投员工所好，满足员工真正的需求，而不能根据管理者的自我想象来安排。

### 5.3.3 事项三：劳动保护

劳动保护指的是在生产过程中，为保证员工的安全与健康，改善劳动条件，防止职业病和工伤事故的发生所采取的一系列措施。

企业在生产经营过程中要做好劳动保护管理工作，一定要树立安全第一、预防为主的经营管理理念，积极营造科学合理的安全卫生环境。结合劳务派遣业务的特性，对用工单位及劳务派遣公司双方都提出了要求。

（1）对劳务派遣公司的要求

① 劳务派遣公司要建立培训制度，对被派遣劳动者进行上岗知识、安全教育培训。

② 劳务派遣公司要督促用工单位依法为被派遣劳动者提供劳动保护和劳动安全卫生条件。

（2）对用工单位的要求

① 用工单位根据工作岗位性质，按相关政策规定为被派遣员工提供相应的劳动安全卫生条件和劳动保护。

② 若被派遣员工因工受伤，用工单位应按有关规定向劳务派遣公司申报工伤。

### 5.3.4 流程：工资代发服务流程

工资代发服务流程如图 5-5 所示。

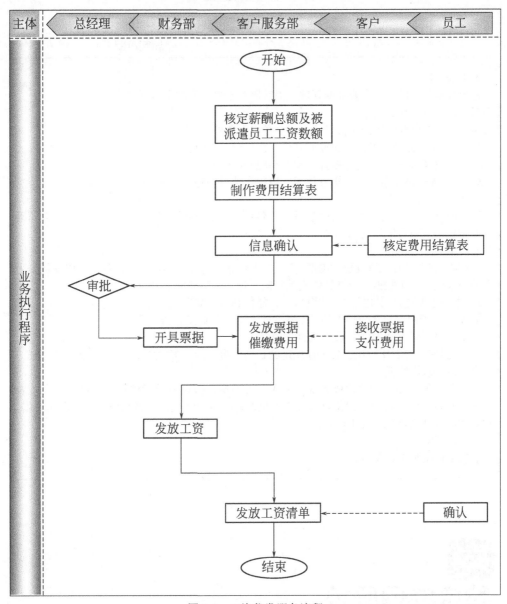

图 5-5 工资代发服务流程

## 5.3.5 制度：代发工资管理制度

代发工资管理制度如表 5-8 所示。

表 5-8 代发工资管理制度

| 制度名称 | 代发工资管理制度 | 版　次 | |
|---|---|---|---|
| | | 编制日期 | |

第 1 条　目的
为规范本公司代发工资业务的管理，提升服务水平，特制定本制度。
第 2 条　资格界定
客户委托本劳务派遣公司代发工资应具备以下条件。
1．客户单位是独立的法人企业或其他经济组织、单位。
2．客户有较为完整的财务核算制度及相应的财会人员。
3．客户提供员工名单与工资发放表，该信息填写完整、真实。
第 3 条　签订协议
客户如委托本劳务派遣公司代发工资，需事先与本公司签订委托代发工资协议，以明确双方责任与应对可能出现的问题。
第 4 条　工资发放
1．客户需在每月工资发放日前的 ____ 个工作日，将加盖客户单位公章的拟代发员工工资清单及电子文本数据，连同转账支票一同发送至本劳务派遣公司。
2．本劳务派遣公司在接到上述资料后，需仔细核对如下信息。
① 员工工资户名与客户提供的员工花名册上记录的信息是否一致。
② 转账的支票是否有效、数额是否正确。
3．依据签订的委托协议，公司在规定的日期将员工的工资发放至其个人银行卡账户。
第 5 条　差错处理
若出现重复入账、发放数额有误、未入账等情况，公司应及时核对系统后台信息。若属客户提供的信息有误，则及时与客户单位沟通并尽快解决；若属本公司内部操作失误，则查明根源并视情况追究责任。
第 6 条　附则
本制度自发布之日起实施。

# 险金办理服务

## 5.4.1　事项一：代缴五险一金

五险一金是企业按照国家法律法规及相关规范性文件，必须为员工提供的福利项目，具体包括养老保险、医疗保险、失业保险、工伤保险、生育保险和住房公积金。

劳务派遣公司按照国家有关政策法规要求，接受个人或企业委托，为其缴纳养老保险、医疗保险、失业保险、工伤保险、生育保险和住房公积金等险金的费用。

劳务派遣公司代缴五险一金业务主要服务的对象有：外资企业和异地企业驻本地分支机构、各商业连锁加盟企业常驻经营网点、大型商场超市及其经营商户、不设人事管理岗位的中小企业、无法缴存住房公积金的个体工商户、自由职业及流动行业相关人员、需将异地社保关系转入本地的人员、其他需要代缴五险一金的人或用人单位。

### 5.4.2 事项二：商业医疗补充保险办理

商业医疗补充保险是由用人单位或员工个人自愿参加的，在单位和员工参加统一的基本医疗保险后，由用人单位或个人根据自己的需求，自愿投保的保险产品，是社会医疗保障制度的重要组成部分。

劳务派遣公司按照国家有关政策法规要求，接受个人或用人单位委托，为其办理商业医疗补充保险。

劳务派遣公司在办理商业医疗补充保险时，应注意以下几点。

① 劳务派遣公司在服务过程中应向客户详细说明购买价格和理赔报销款项，让客户能够清晰地知道商业医疗补充保险办理的相关细节。

② 明确双方的责任、权利和义务，避免后期合作产生纠纷。

### 5.4.3 流程：商业医疗补充保险办理服务流程

商业医疗补充保险办理服务流程如图 5-6 所示。

### 5.4.4 规范：商业医疗补充保险办理服务规范

商业医疗补充保险办理服务规范如表 5-9 所示。

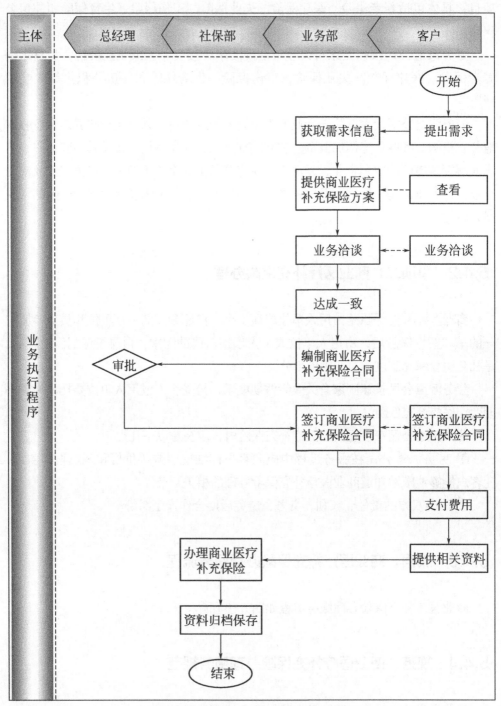

图 5-6 商业医疗补充保险办理服务流程

表 5-9 商业医疗补充保险办理服务规范

| 制度名称 | 商业医疗补充保险办理服务规范 | 版 次 | |
| --- | --- | --- | --- |
| | | 编制日期 | |

第 1 条　目的
为规范本公司商业医疗补充保险办理服务业务，更好地为客户提供服务，特制定本制度。
第 2 条　适用范围
本制度适用于本公司商业医疗补充保险办理服务业务的管理。
第 3 条　责任分工
1. 业务部负责与客户进行业务沟通，获取需求信息，编制并签订商业医疗补充保险合同。
2. 社保部负责客户商业医疗补充保险办理的具体操作。
3. 总经理负责相关文件的审批工作。
第 4 条　商业医疗补充保险办理服务流程
本公司商业医疗补充保险办理服务主要包括以下方面。
1. 获取客户需求信息
业务部负责与客户进行业务沟通，获取需求信息，同时向客户提供公司商业医疗补充保险方案。
2. 签订商业医疗补充保险合同
业务部就公司的商业医疗补充保险方案与客户进行洽谈，双方达成一致意见，签订商业医疗补充保险合同。
3. 办理商业医疗补充保险
社保部负责及时为客户办理商业医疗补充保险手续。
第 5 条　附则
1. 本制度由人力资源部负责制定、修改与解释。
2. 本制度经总经理签字批准后实施。

# 劳务派遣服务

## 5.5.1 要点一：洽谈劳务派遣方案

（1）方案洽谈

劳务派遣方案是劳务派遣机构与用工单位进行合作的基础。

劳务派遣公司在了解用工单位的需求和掌握相关具体情况的基础上，拟订并向用工单位提交切合实际的、以劳动人事管理政策法规为依据和劳务派遣日常管理为主要内容，包括劳务派遣实施步骤、主要业务工作程序在内的具体实施方案。细化说来，洽谈过程包括如下几个步骤。

① 根据业务洽谈的具体情况，劳务派遣公司将拟定好的劳务派遣方案递交至用工单位征求意见。

② 根据用工单位的反馈意见，完善劳务派遣方案。

③ 确定方案及签订日期。

签订的劳务派遣方案作为用工单位和劳务派遣公司在实施劳务派遣期间相互合作的基础。

（2）文书范例

劳务派遣方案如表 5-10 所示。

表 5-10　劳务派遣方案

| 文书名称 | 劳务派遣方案 | 版　次 | |
| --- | --- | --- | --- |
| | | 编制日期 | |
| 一、公司简介（略）<br>二、服务工作流程（略）<br>三、客户服务规范与质量要求<br>1．劳务派遣服务内容（略）<br>2．服务质量要求（略）<br>四、员工管理与服务<br>1．员工管理<br>（1）入职前的教育和动员，让被派遣员工认同派遣的形式。<br>（2）了解被派遣员工的文化背景并要求其主动学习和融入用工单位的文化。<br>（3）与用工单位合作制订针对被派遣员工切实可行的管理制度，根据需要在相应的周期内进行修订，保持制度的合法性和实用性。如《员工手册》《员工入职须知》等。<br>2．员工服务与关怀<br>（1）由专人定期和不定期走访被派遣员工，了解员工生产、生活状况，若发生问题及时与客户联络人接洽，双方配合解决。<br>（2）为提升凝聚力，增进认同感，公司定期开展员工年度评优与评先、员工座谈等活动。<br>（3）针对时发的小工伤，定期购买创可贴、消炎药、感冒药、红花油、纱布等，以解除员工后顾之忧。<br>（4）公司出台了员工特殊情况慰问、募捐制度。 ||||

续表

| 文书名称 | 劳务派遣方案 | 版 次 | |
| --- | --- | --- | --- |
| | | 编制日期 | |

（5）开展丰富多彩的活动，增进被派遣员工之间、被派遣员工与用工单位员工之间的交流，丰富被派遣员工的业余文化生活，提供展现自己才能的机会和舞台。如定期举办的被派遣员工"技能比武会""联欢晚会"等。

（6）重视对被派遣员工职业和转业指导，帮助他们规划自己的职业生涯，不断促进被派遣员工的职业发展和提升。

五、服务项目及报价

本公司提供的服务项目及报价见下表。

服务项目及报价

| | | 服务项目 | 报价 |
| --- | --- | --- | --- |
| 基本服务 | 1 | 员工劳动合同的签订 | ___元/（人·月）（10人以下）；___元/（人·月）（11～30人）；___元/（人·月）（31～50人）；___元/（人·月）（50人以上） |
| | 2 | 员工劳动档案的建立及管理 | |
| | 3 | 员工工资发放 | |
| | 4 | 员工社会保险的缴纳 | |
| | 5 | 员工住房公积金缴纳及提取 | |
| | 6 | 员工的劳动争议处理 | |
| | 7 | 员工关系维护（定期走访、交流会、疑难问题解答） | |
| | 8 | 员工职业技能培训 | |
| | 9 | 代办员工有关的证件 | |
| | 10 | 人事法律、法规、政策咨询 | |
| 增值服务 | 招聘 | 1 | 根据客户需要，利用本派遣公司的渠道为客户发布招聘信息 | ___元/人 |
| | | 2 | 简历筛选，提供候选人 | |
| | | 3 | 组织应聘者考试与初试 | |
| | | 4 | 安排应聘人员复试 | |
| | | 5 | 个性化推荐（中端人才） | ___元/（人·次） |
| | | 6 | 猎头服务（高端人才） | ___元/（人·次） |
| | 团队建设 | 1 | 拓展训练 | ___元/次 |
| | | 2 | 针对性课题培训 | ___元/课时 |
| | | 3 | 员工表彰大会 | ___元/次 |
| | | 4 | 人力资源管理咨询 | ___元/次 |

六、公司承诺（略）

## 5.5.2 要点二：签订劳务派遣协议

### （1）劳务派遣协议订立的主体

《劳动合同法》第五十九条规定："劳务派遣单位派遣劳动者应当与接受以劳务派遣形式用工的单位订立劳务派遣协议。劳务派遣协议应当约定派遣岗位和人员数量、派遣期限、劳动报酬和社会保险费的数额与支付方式以及违反协议的责任。"这一规定明确了劳务派遣协议订立的主体和内容。

### （2）劳务派遣协议的内容

劳务派遣单位派遣劳动者应当与接受以劳务派遣形式用工的单位订立劳务派遣协议。劳务派遣协议应当约定派遣岗位和人员数量、派遣期限、劳动报酬和社会保险费的数额与支付方式以及违反协议的责任。根据《劳务派遣暂行规定》，劳务派遣协议应当载明下列内容，具体内容见表5-11。

表 5-11　劳务派遣协议的内容

| | |
|---|---|
| 劳务派遣协议的内容 | ① 派遣的工作岗位名称和岗位性质；<br>② 工作地点；<br>③ 被派遣人员数量和派遣期限；<br>④ 按照同工同酬原则确定的劳动报酬数额和支付方式；<br>⑤ 社会保险费的数额和支付方式；<br>⑥ 工作时间和休息休假事项；<br>⑦ 被派遣人员工伤、生育或者患病期间的相关待遇；<br>⑧ 劳动安全卫生以及培训事项；<br>⑨ 经济补偿等费用；<br>⑩ 劳务派遣协议期限；<br>⑪ 劳务派遣服务费的支付方式和标准；<br>⑫ 违反劳务派遣协议的责任；<br>⑬ 法律、法规、规章规定应当纳入劳务派遣协议的其他事项 |
| 内容提示 | ① 应当明确约定：被派遣人员工伤等事故及劳动纠纷如何处理，费用方面双方如何分摊；<br>② 应当明确约定：被派遣人员应当同时遵守劳务派遣公司和用工单位的规章制度，若两个单位规章制度有冲突时，以何为准 |

### （3）文书示范

劳务派遣协议如表5-12所示。

表 5-12　劳务派遣协议

| 文书名称 | 劳务派遣协议 | 版　　次 | |
| --- | --- | --- | --- |
| | | 编制日期 | |

甲方（用工单位）：　　　　　　　　　乙方（劳务派遣公司）：
地址：　　　　　　　　　　　　　　　地址：
联系人：　　　　　　　　　　　　　　联系人：
　　甲、乙双方本着平等自愿、协商一致、公正公平、诚实信用的原则，根据《劳动合同法》及《劳务派遣暂行规定》等有关法律法规规定，签订本协议，并承诺共同遵守。
　　一、协议期限
　　本协议自____年____月____日起至____年____月____日止。
　　二、派遣岗位、人数和期限
　　1. 甲方需要接受被派遣人员的岗位和人员数量如下。
　　岗位：_____，人数：_____人，工作内容：_____，
工作地点：_____，派遣期限自____年____月____日起至____年____月____日止。
　　2. 甲方承诺，以上岗位工种符合国家关于劳务派遣一般在临时性、辅助性或者替代性的工作岗位上实施的要求，并保证没有将延续用工期限分割订立数个短期劳务派遣协议的情形。
　　三、被派遣人员的变更
　　1. 被派遣人员一经确定，甲乙双方应拟定《被派遣人员名单及岗位》，并签字盖章，作为本协议的附件。
　　2. 甲乙双方依照本协议约定对被派遣人员进行变更的，应修改《被派遣人员名单及岗位》，并经甲乙双方签字、盖章认可。
　　四、双方的权利与义务
　　1. 甲方的权利与义务如下。
　　（1）乙方推荐给甲方的人员必须符合甲方用工条件，经面试考核不符合要求的人员，甲方可以退回相关人员，并由乙方给予另行安排。
　　（2）甲方应承担的费用。甲方应承担的相关费用主要有以下几项：
　　① 支付乙方的劳务派遣服务费，标准为每人每月____元。甲方支付给乙方的劳务派遣服务费，乙方必须开具正式发票。
　　② 被派遣员工的劳动报酬和福利待遇。
　　③ 甲方应承担的被派遣员工工伤事故费用。
　　④ 由于甲方原因导致被派遣员工被裁减或辞退而发生的经济补偿金。
　　⑤ 甲方应根据劳动人事法规的相关规定，明确告知乙方输送人员的岗位、薪资待遇及工作职责，并对被派遣员工进行安全教育及必要的劳动保护用品的发放。
　　2. 乙方（劳务派遣方）的权利与义务如下。
　　（1）乙方承诺并保证其在工商行政机关注册并经劳动行政管理部门认可，可向企业提供劳务派遣服务。
　　（2）负责组织将甲方面试体检通过的人员在甲方指定的时间内统一送到甲方公司报到。
　　（3）协助甲方做好被推荐人员在甲方工作期间的管理工作。
　　（4）乙方负责做好对其输送人员进行教育与培训工作，内容如下。
　　① 遵守甲方各项规章制度，服从甲方管理，违反规定依甲方规定处理。

续表

| 文书名称 | 劳务派遣协议 | 版次 | |
| --- | --- | --- | --- |
| | | 编制日期 | |

②严格遵守并执行劳动安全卫生规程,遵守劳动纪律和职业道德,不得违章作业。
③服从甲方主管人员的工作安排,按要求完成指定的工作。
(5)乙方负责安排未被录用人员及被退回人员的后续工作等问题。

五、工作时间和休息休假
1. 工作时间:被派遣员工在甲方实行(□标准　□综合计算　□不定时)工时工作制。其中,标准工时工作制度为每天工作____小时,每周休息日为____；实行综合计算工时工作制或不定时工时工作制的,由甲方负责向乙方提供报经劳动行政部门批准的行政许可决定,并告知被派遣人员。
2. 休息、休假:按国家和甲方的规定执行。
3. 甲方负责保障被派遣员工享有法定休息休假权利。甲方因工作需要安排被派遣员工延长工作时间或在节假日加班的,应当征得其同意,并依法安排调休或支付加班加点工资。

六、劳动报酬
1. 被派遣员工享有与甲方相同或相近岗位劳动者同工同酬和福利待遇的权利。乙方不得克扣甲方支付给被派遣员工的劳动报酬。
2. 乙方与甲方商定的被派遣员工工资发放日为每月____日,工资发放形式为(□由乙方发放　□由甲方直接发放　□由乙方或甲方委托银行发放)。
3. 乙方与甲方协商确定,被派遣员工的工资标准采用下列第(　　)种方式:
(1)实行月薪制,每月为____元,具体办法按照甲方规定执行。
(2)实行基本工资和绩效奖金相结合的工资分配办法,基本工资为每月____元；绩效奖金考核发放办法根据甲方规定执行。
(3)实行计件工资制,计件工资的劳动定额管理按照甲方的规定执行,定额单价为____元/件。

七、社会保险
被派遣员工的社会保险由乙方负责,乙方应当给被派遣员工按时足额缴纳各项社会保险费,其中被派遣员工应缴纳的社会保险费由乙方代扣代缴。

八、劳动保护、劳动条件和职业危害防护
1. 甲方保证执行国家劳动标准,提供相应的劳动条件和劳动保护。甲乙双方共同负责教育被派遣员工遵守国家和甲方规定的劳动安全规程。
2. 甲方安排被派遣员工的工作若属于国家规定的有毒、有害、特别繁重或者其他特种作业的,甲方负责定期安排被派遣员工进行健康检查。
3. 被派遣员工因工作遭受事故伤害或患职业病,甲乙双方均有负责及时救治、保障其依法享受各项工伤保险及相关待遇的连带义务。乙方应按规定为员工申请工伤认定和劳动能力鉴定。
4. 员工患病或非因工负伤,甲乙双方共同承担保证其享受国家规定的医疗期和相应的医疗待遇的连带义务。

九、被派遣员工退回
1. 有下列情况之一的,派遣期间,甲方不得退回被派遣员工。派遣期满的,应当续延至相应的情形消失时终止。

续表

| 文书名称 | 劳务派遣协议 | 版 次 | |
| --- | --- | --- | --- |
| | | 编制日期 | |

（1）从事接触职业病危害作业的被派遣员工未进行离岗前职业健康检查，或者疑似职业病病人在诊断或者医学观察期间的。
（2）被派遣员工在本单位患职业病或者因工负伤并被确认丧失或者部分丧失劳动能力的。
（3）被派遣员工患病或者非因工负伤，在规定的医疗期内的。
（4）被派遣女员工在孕期、产期、哺乳期的。
（5）法律、行政法规规定的其他情形。

2. 有下列情况之一的，甲方可以退回被派遣员工或要求乙方更换被派遣员工，且不用支付赔偿金。
（1）被派遣员工在试用期间被证明不符合录用条件的。
（2）被派遣员工严重违反甲方的规章制度的。
（3）被派遣员工严重失职，营私舞弊，给甲方造成重大损害的。
（4）被派遣员工被依法追究刑事责任的。
（5）被派遣员工派遣期满。

3. 有下列情况之一的，甲方可以退回被派遣员工，但是应当提前30日通知乙方和被派遣员工本人，符合法律法规关于辞退员工需支付经济补偿金的情形的，甲方应按照相关法律法规的标准支付相应的经济补偿金。
（1）甲方濒临破产进行法定整顿期间或者生产经营状况发生变化，确需裁减人员的。
（2）被派遣员工患病或者非因工负伤，在规定的医疗期满后不能从事原工作，也不能从事由甲方另行安排的工作的。
（3）被派遣员工不能胜任工作，经过培训或者调整工作岗位，仍不能胜任工作的。

十、协议解除与终止
任何一方若提前解除或终止协议，应提前1个月以书面形式通知对方，经双方同意后方可执行，并协助对方处理相关善后事宜。

十一、违约责任
1. 甲方无故拖欠乙方费用的，每日应按拖欠部分____%的标准向乙方支付违约金。若甲方拖欠数额达一个月以上，乙方有权解除本协议，并依法追回欠缴金额及违约金。
2. 因甲方拖欠费用导致被派遣员工薪酬未能结算时所产生的相关责任由甲方承担。
3. 乙方因违约需承担违约金和经济赔偿金的，甲方提供证明材料，经乙方核实同意后，甲方可在当期结算的费用中直接扣减。

十二、其他
1. 本协议一式两份，甲乙双方各执一份，自双方签字盖章之日起生效。
2. 本协议未尽事宜，法律法规有规定的，按法律法规规定执行；法律法规没有规定的，由双方协商解决；若双方协商不成或者发生争议，应当依法处理。

甲方（盖章）：　　　　　　　　　　　　乙方（盖章）：
法定代表人签字：　　　　　　　　　　　法定代表人签字：
（或委托代理人签字）：　　　　　　　　（或委托代理人签字）：
签订日期：　　年　　月　　日　　　　　签订日期：　　年　　月　　日

## 5.5.3 要点三：建立劳务派遣档案

**（1）确定被派遣人员档案材料内容**

人事档案材料主要包括以下几方面的内容。

① 履历表（见表 5-13）、简历、鉴定及考核材料。

② 奖励、先进事迹（见表 5-14）及处分等材料。

③ 招聘审批表、转正定级审批表、吸收录用审批表、任免报告表、考评技术资格审批表、学位审批表、出国人员审批表、调整工资审批表、离休退休审批表、辞职审批表等。

④ 其他可供组织参考的材料，如员工工作或学习报告等。

表 5-13 被派遣人员履历表

| 姓名 | | 性别 | | 出生日期 | |
|---|---|---|---|---|---|
| 民族 | | 籍贯 | | 学历 | |
| 身高 | | 健康状况 | | 联系电话 | |
| 婚姻状况 | | 身份证号 | | | |
| 紧急联系人姓名 | | 与对方的关系 | | 联系电话 | |
| 家庭住址 | | | | | |
| 教育培训 | 起止时间 | | 学校/培训单位 | | 专业/培训内容 |
| | | | | | |
| | | | | | |
| | | | | | |
| 工作经历 | 起止时间 | | 工作单位 | | 职位/岗位 |
| | | | | | |
| | | | | | |
| | | | | | |
| 家庭成员 | 姓名 | | 关系 | | 工作单位 |
| | | | | | |
| | | | | | |
| | | | | | |

续表

| 本人保证上述所填资料属实，如有虚假愿意接受公司提出的任何处理意见。<br>签字：<br>日期： |
| --- |

表 5-14　个人先进事迹登记表

| 姓名 | | 性别 | | 出生日期 | |
| --- | --- | --- | --- | --- | --- |
| 岗位 | | 所属部门 | | 工作单位 | |
| 主要事迹 | | | | | |
| 单位处理意见 | 人力资源部意见： | | | 总经理意见： | |

（2）管理内容

为了及时、真实地掌握被派遣人员情况，采用被派遣人员的档案统一管理模式，其管理内容主要包括如下 5 个方面。

① 及时为被派遣人员办理人事档案接转手续。

② 及时为新招聘的被派遣人员办理招工备案手续。

③ 受委托办理外地人员务工所需的各种证件。

④ 按规定代办有关档案记载的材料证明手续。

⑤ 派遣协议到期，根据用工单位和被派遣人员的要求，代办档案续存或转移手续。

（3）档案整理

档案整理是对收集来的档案分门别类组成有序体系的一项业务，是档案管理中的一项基础工作。办公档案整理内容包括分类、排列、编号、编目及装盒等。

① 分类。经过分类，才能使档案真正成为类别分明、条理清晰的有机整体，便于系统地查找利用。

② 排列。档案应在分类方案的最低一级类目内，按事由结合时间、重要程度等排列。

③ 编号。依分类方案和排列顺序逐件编号，在文件首页上端的空白位置加盖归档章并填写相关内容。

④ 编目。依据分类方案和编号顺序编制归档文件目录。

⑤ 装盒。将档案顺序装入档案盒，并填写档案盒封面。

（4）档案保管

档案管理人员需对被派遣人员入档资料及时归档。凡归档材料均应认真鉴别，材料内容应翔实、完整。同时，人事档案必须分类明确、编排有序、目录清楚、装订整齐。

（5）档案服务

档案工作的服务性是档案工作的基本属性之一，是档案工作赖以生存和发展的基本原因。档案服务的工作事项包括档案检索、咨询服务、借阅复印及开发利用。具体内容见表5-15。

表5-15　档案服务

| 服务内容 | 内容说明 |
| --- | --- |
| 档案检索 | 即根据需要，通过有关的检索手段，查出并提供档案信息 |
| 咨询服务 | 档案人员积极参与各项业务工作，了解对档案的需求，有针对性地提供档案信息资源服务，提供规范的表式、格式以及参考资料等，及时解答档案使用人员对档案使用的各种问题 |
| 借阅复印 | 根据需求和库藏档案的实际情况提供档案的借阅、复印服务 |
| 开发利用 | 采取多种形式、多种渠道和多种方式利用档案，充分发挥档案信息资源的服务作用 |

### 5.5.4　流程：派遣方案洽谈流程

派遣方案洽谈流程如图5-7所示。

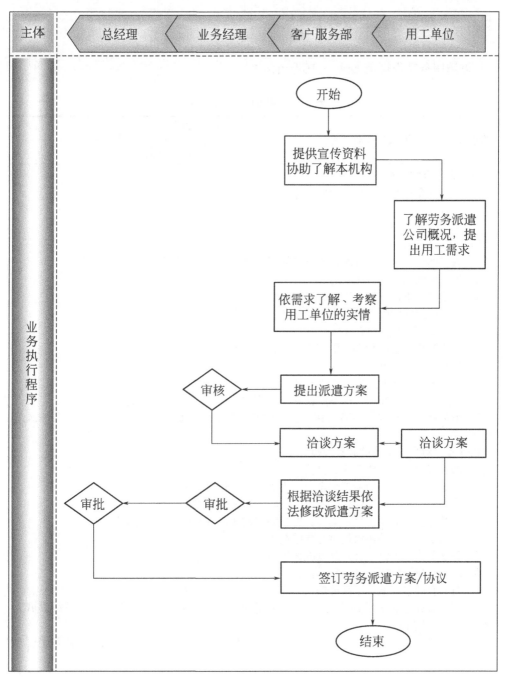

图 5-7　派遣方案洽谈流程

## 5.5.5 规范：派遣服务工作规范

派遣服务工作规范如表 5-16 所示。

表 5-16 派遣服务工作规范

| 制度名称 | 派遣服务工作规范 | 版　次 | |
| --- | --- | --- | --- |
| | | 编制日期 | |

第 1 条　资格要求
1．取得营业执照并持有《劳务派遣经营许可证》。
2．拥有专业的团队。
3．公司内部管理制度健全。

第 2 条　环境管理要求
1．确保办公环境整洁有序，使员工能舒适地工作，给客户留下良好印象。
2．公司地面无杂物、无纸屑。
3．办公桌上不得摆放与工作无关的杂物。
4．客户接待区的服务设施完备、整洁、无破损。

第 3 条　业务服务礼仪
1．文明礼貌、态度和蔼、语气亲切、表达清晰。
2．穿着得体、大方。
3．头发整洁、长短适中，梳理整齐。
4．严禁使用"不知道、这不归我管、少啰嗦"等生冷、顶撞的语言。
5．电话铃响三声之内需有人接听，并用普通话主动问候："您好！××××劳务派遣公司。"

第 4 条　对用工单位的服务规范
1．回答客户问题时要专业、自信。
2．沟通过程中，要清晰了解客户的服务需要，作出合理的承诺。
3．当客户提出意见、建议时，要耐心倾听，适当时做好解释。
4．严禁对客户的要求置之不理，更不能推诿客户或与客户发生争执。
5．严格依照签订的协议提供劳务派遣服务。
6．各项工作无差错，客户满意度评价高。

第 5 条　对被派遣员工的服务规范
1．对所有的被派遣员工都要热情、周到，提供全面的服务。
2．根据被派遣员工考勤情况，根据劳动合同约定，及时、准确核算并发放被派遣员工的工资及其他福利。
3．被派遣员工到公司办理离职时，公司的工作人员必须在____个小时内将离职手续办理完毕。

## 5.6 员工关系服务

### 5.6.1 事项一：被派遣员工合同管理

（1）劳务派遣合同的订立

① 订立劳务派遣合同的原则。订立劳务派遣合同应当遵循平等自愿、协商一致的原则，不得违反法律、行政法规的规定。

② 劳务派遣合同的形式。根据《劳务派遣暂行规定》，劳务派遣合同应当以书面形式订立。书面合同是由双方当事人达成协议后，将协议的内容用文字形式固定下来，并经双方签字，作为凭证。

③ 劳务派遣合同的期限。根据《劳务派遣暂行规定》，劳务派遣合同的期限为2年以上的固定期限。

④ 劳务派遣合同的内容。根据《劳动合同法》规定，劳务派遣公司与被派遣员工订立的劳动合同，除劳动合同的必备条款和约定条款外，还应当载明被派遣员工的用工单位以及派遣期限、工作岗位等情况。

（2）劳务派遣合同的履行

劳务派遣合同履行是指劳务派遣公司与被派遣员工双方按照劳务派遣合同规定的条件，履行自己所应承担义务的行为。在履行劳动合同的过程中，劳动关系双方应当注意以下3点事项。

① 试用期应包括在劳务派遣合同期限之中，劳务派遣公司应依法与被派遣员工约定试用期。劳务派遣公司与同一被派遣员工只能约定一次试用期。

② 被派遣员工不必履行无效的劳务派遣合同。

③ 劳务派遣公司不得随意变更劳务派遣合同。

（3）劳务派遣合同的变更

在履行劳务派遣合同的过程中，由于劳务派遣公司生产经营状况的变化，或者被派遣员工劳动、生产情况的变化等，经双方协商一致可对劳务派遣合同进行修改、补充。

① 变更条件　劳务派遣公司与被派遣员工协商一致，可以变更劳务派遣合同约定的内容。变更劳务派遣合同，应当采用书面形式。变更后的劳务派遣文本由劳务派遣公司与被派遣员工各执一份。

② 变更程序

a. 提出要求。无论是劳务派遣公司还是被派遣员工要求变更劳务派遣合同，都应该及时向对方提出变更劳务派遣合同的要求，说明变更劳务派遣合同的理由、内容、条件等。

b. 做出答复。按期答复对方，即当事人一方得知对方变更合同的要求后，应在对方规定的期限内给出答复。

c. 双方达成书面协议。即当事人双方就变更劳务派遣合同的内容经过协商，取得一致意见，应当达成变更劳务派遣合同的书面协议，书面协议应指明对哪些条款作出变更，并应注明变更后劳务派遣合同的生效日期，书面协议经双方当事人签字盖章生效。

③ 劳务派遣合同变更协议书（表5-17）

表5-17　劳务派遣合同变更协议书

| |
|---|
| 甲方：××××劳务派遣公司<br>乙方：×××<br>经甲乙双方协商一致，对双方在＿＿＿年＿＿＿月＿＿＿日签订/续订的劳务派遣合同做如下变更。<br>一、变更后的内容（略）<br>二、本协议书一式两份，甲乙双方各执一份。<br>甲方（盖章）：　　　　　　　　　　　　乙方（签章）：<br>法定代表人：<br>或委托代理人（签章）：<br>日期：　年　月　日　　　　　　　　　日期：　年　月　日 |

（4）劳务派遣合同的解除和终止

① 劳务派遣合同的解除。劳务派遣合同解除的有关内容见表5-18。

表 5-18 劳务派遣合同的解除

| 情形 | 内容说明 |
| --- | --- |
| 双方协商一致依法解除 | 经劳务派遣公司和被派遣员工协商一致，劳务派遣合同可以解除 |
| 劳务派遣公司单方面解除 | 被派遣员工有下列情形之一的，劳务派遣公司可以解除劳务派遣合同：<br>① 在试用期间被证明不符合录用条件的；<br>② 严重违反劳动纪律或者劳务派遣公司或者用工单位规章制度的；<br>③ 严重失职、营私舞弊，对劳务派遣公司或者用工单位利益造成重大损害的；<br>④ 被依法追究刑事责任的；<br>⑤ 被派遣员工患病或者非因工负伤，在规定的医疗期满后不能从事原工作，也不能从事由劳务派遣公司另行安排的工作的；<br>⑥ 被派遣员工不能胜任工作，经过培训或者调整工作岗位，仍不能胜任工作的；<br>⑦ 被派遣员工以欺诈、胁迫的手段或者乘人之危，使劳务派遣公司在违背真实意思的情况下订立或者变更劳务派遣合同，致使劳务派遣合同无效的。<br>另外，被派遣员工有下列情形之一的，劳务派遣公司不得依照《劳动法》第四十条、第四十一条的规定解除劳务派遣合同：<br>① 从事接触职业病危害作业的劳动者未进行离岗前职业健康检查，或者疑似职业病病人在诊断或者医学观察期间的；<br>② 在用工单位患职业病或者因工负伤并被确认丧失或者部分丧失劳动能力的；<br>③ 患病或者非因工负伤，在规定的医疗期内的；<br>④ 女职工在孕期、产期、哺乳期的；<br>⑤ 在劳务派遣公司连续工作满十五年，且距法定退休年龄不足五年的；<br>⑥ 法律、行政法规规定的其他情形 |
| 被派遣员工单方面解除 | ① 提前通知解除。被派遣员工应提前 30 日以书面形式通知劳务派遣公司，可以解除劳务派遣合同。被派遣员工在试用期内提前 3 日通知劳务派遣公司，可以解除劳务派遣合同。<br>② 有条件随时通知解除。劳务派遣公司有下列情形之一的，被派遣员工可以解除劳务派遣合同：a. 未按照被派遣员工合同约定提供劳动保护或者劳动条件的；b. 未及时足额支付劳动报酬的；c. 未依法为被派遣员工缴纳社会保险费的；d. 劳务派遣公司的规章制度违反法律、法规的规定，损害被派遣员工权益的；e. 因劳务派遣公司以欺诈、胁迫的手段或者乘人之危，使被派遣员工在违背真实意思的情况下订立或者变更劳务派遣合同，使劳务派遣合同无效的；f. 法律、行政法规规定被派遣员工可以解除劳务派遣合同的其他情形。<br>③ 劳务派遣公司以暴力、威胁或者非法限制人身自由的手段强迫被派遣员工劳动的，或者劳务派遣公司违章指挥、强令冒险作业危及被派遣员工人身安全的，被派遣员工可以立即解除劳务派遣合同，不需事先告知劳务派遣公司 |

② 劳务派遣合同的终止。劳务派遣公司被依法宣告破产、吊销营业执照、责令关闭、撤销、决定提前解散或者经营期限届满不再继续经营的，劳务派遣合同终止。

### 5.6.2　事项二：被派遣员工建档管理

被派遣员工档案指的是劳务派遣公司在招用、培训、考核、奖惩和任用等工作中形成的有关被派遣员工的个人经历、业务技术水平以及在用工单位工作表现等情况的文件资料，是全面考察被派遣员工的依据。

被派遣员工建档管理包括资料收集、资料归类、资料归档。

（1）资料收集

被派遣人员档案资料主要包括以下几方面的内容：
① 员工简历。
② 应聘登记表。
③ 体检表。
④ 培训登记表。
⑤ 考核表。
⑥ 社会保险个人信息采集表。
⑦ 被派遣员工告知书。
⑧ 劳务派遣合同及补充协议原件。
⑨ 被派遣员工手册签收凭证。
⑩ 个人身份信息、学历证书等材料复印件。
⑪ 员工离职相关材料。
⑫ 解除（终止）合同证明。
⑬ 其他与被派遣员工工作有关的书面文件。

资料的收集工作由劳务派遣公司行政人事部与劳务派遣部共同执行。劳务派遣部负责与用工单位沟通，及时了解被派遣人员在用工单位的工作状况，通知行政人事部。

（2）资料归类

行政人事部人员要根据档案管理的规定，对被派遣员工档案资料及时归纳、汇总。资料归类应重点操作以下内容：

① 明确分类标准，即根据什么标准将收集的被派遣员工资料具体分类。劳务派遣公司所有被派遣员工的档案资料分类标准应统一。

② 资料整理，对收集到的资料进行整理，明确资料的内容。

③ 资料分类，根据既定的分类标准，对整理后的资料进行准确的分类。

④ 资料排序，将被派遣员工档案资料按照既定的分类标准进行分类后，为便于后期归档、借（查）阅，还需要将每一类资料按照一定的顺序排序。

（3）资料归档

① 被派遣员工档案资料归档的要求。归档资料应保持完整，包括每份资料的份数、页数不可缺失；每份档案的正附件及与之相关的请示、批复、原件、复印件等均归档。

② 被派遣员工档案资料归档时间。派遣人员档案分两类：一类是入职前的材料；另一类是入职后的材料。入职前的材料须在派遣人员入职后的 ____ 个工作日内归档；入职后的材料须在接到用工单位传递的材料后的 ____ 个工作日内归档。

## 5.6.3 事项三：被派遣员工纠纷管理

（1）纠纷管理的范围

劳务派遣公司与被派遣员工之间的纠纷主要有以下六种：
① 因确认劳动关系发生的纠纷。
② 因订立、履行、变更、解除和终止劳务派遣合同发生的纠纷。
③ 因开除、除名、辞退和辞职发生的纠纷。
④ 因工作时间、休息休假、社会保险、福利、培训以及劳动保护发生的纠纷。
⑤ 因劳动报酬、工伤医疗费、经济补偿金或者赔偿金等发生的纠纷。
⑥ 法律、法规规定的其他纠纷。

（2）纠纷的处理方式

当劳务派遣公司与被派遣员工发生纠纷时，其处理的方式主要分为协商、调解、仲裁和诉讼四种。

（3）纠纷的预防

如何防范与被派遣员工发生纠纷，对劳务派遣公司来说非常重要。纠纷预防措施可以从以下3个方面进行制订。

① 制订、完善公司规章制度。劳务派遣公司应根据国家和地方性法规制订和完善公司内部规章制度，这不仅可以为公司建立健康而良好的管理秩序，同时也因其中包含着被派遣员工的行为规范及被派遣员工的责任和权利，而对规范劳务派遣公司的管理起着至关重要的作用。

② 制订严密规范的劳务派遣合同。劳务派遣合同可以对劳动内容和法律未尽事宜作出详细、具体的规定，使劳务派遣公司和被派遣员工双方明了权利和义务，促进双方全面履行劳务派遣合同，防止因违约而导致纠纷发生；劳务派遣合同是被派遣员工与劳务派遣公司之间劳动关系的体现，也是处理纠纷的重要依据。

③ 构建有效防范纠纷的内部机制。劳务派遣公司应根据公司实际和特点设计公司的纠纷防范和预警体系，建立内部申诉及处理机制，建立被派遣员工参与或影响决策的管理机制，明确公司内部的责任分担，在公司内部创造良好的工作及沟通氛围，及时调节和化解纠纷。

### 5.6.4　事项四：被派遣员工离职管理

被派遣员工离职是被派遣员工和劳务派遣公司之间结束劳动关系，被派遣员工离开原劳务派遣公司的行为。被派遣员工离职是被派遣员工流动的一种重要方式，被派遣员工流动对劳务派遣公司派遣业务的合理配置具有重要作用，但过高的离职率会影响劳务派遣公司的持续发展。

（1）分析被派遣员工离职的原因

被派遣员工离职在性质上可以分为自愿离职和非自愿离职。自愿离职包括被派遣员工辞职和退休；非自愿离职包括辞退被派遣员工和集体性裁员。一般来说，被派遣员工离职的主要原因有以下三方面。

① 外部因素。主要包括社会价值观、经济、法律、交通及人才市场竞争者等因素。

② 组织内部因素。主要包括薪资福利不佳、不满上司领导风格、缺乏升迁发展机会、工作负荷过重压力大、不受重视无法发挥才能等。

③ 个人因素。主要包括家庭因素、人格特质、职业属性以及个人成就动机等因素。

（2）办理被派遣员工离职应遵循的程序

行政人事部办理被派遣员工离职时，应遵循的程序如下。

① 离职申请。被派遣员工离职时，不论是何种方式都应提交离职申请。离职申请提出人分别为：被派遣员工（个人辞职）、被派遣员工直接上级主管（公司辞退）。

a. 被派遣员工提出离职的，试用期员工需在离职前3日填写"员工离职申请表"，向其直接上级主管提出离职申请；正式员工需在离职前30日填写"员工离职申请表"，向其直接上级主管提出离职申请。

需要注意的是劳务派遣公司应当将被派遣员工通知解除劳动合同的情况及时告知用工单位。

b. 未提前30日通知行政人事部办理离职擅自脱岗的员工，对劳务派遣公司或者所在用工单位造成经济损失的，劳务派遣公司企业应根据相关法律法规，由离职员工承担违约责任。

② 离职申请审批。被派遣员工离职申请提出后，应按流程办理离职审批，具体如图5-8所示。

（3）离职交接

被派遣员工离职申请获准后，应在约定的离职时间内办理离职移交手续。首先被派遣员工在用工单位进行工作交接，然后再回劳务派遣公司，与行政人事部和劳务派遣部安排的人员做好工作交接，并填写"离职手续移交表"，所有移交工作须有详细的书面记录，电子档应该有详细的归类，使移交后的工作能够顺利进行。

（4）薪资结算

当交接事项全部完成后，行政人事部人员方可对离职员工进行相关结算。离职

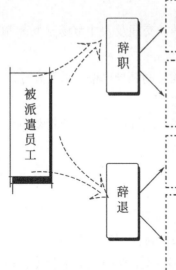

图 5-8　员工离职申请审批说明图

员工的工资、违约金等款项的结算由财务部、行政人事部共同进行。具体内容如表 5-19 所示。

表 5-19　离职员工薪资结算说明表

| 离职类型 | | 薪资结算说明 |
| --- | --- | --- |
| 主动辞职 | 员工存在违约行为 | ◆由行政人事部按照合同违约条款进行核算，包括劳务派遣合同期未满违约金和保密、竞业协议违约金；<br>◆违约性离职对劳务派遣公司造成的损失，由行政人事部、财务部共同进行核算，包括物品损失赔偿金、培训损失赔偿金、项目损失补偿金 |
| | 无因解除 | ◆劳务派遣公司无须给付经济补偿金 |
| 辞退 | 不合法辞退 | ◆劳务派遣公司须向被辞派遣员工支付一个月的工资作为补偿 |
| | 辞退行为合法 | ◆劳务派遣公司无须向被辞派遣员工支付补偿金 |

离职员工的工资领取应当在行政人事部确认被派遣员工完成交接工作及账、物移交后，结合用工单位提供的离职派遣员工当月考勤情况，会同财务部为离职被派遣员工做工资结算，填写"员工离职结算单"；员工离职结算单经总经理批准后，在当月发薪日发放到员工工资卡中。

（5）社保与档案关系管理

每月 15 日（含 15 日）之前离职的被派遣员工，行政人事部将在当月终止其人事档案和社保；每月 15 日之后离职的被派遣员工，行政人事部将从离职工资中扣除该月的社保费，并在被派遣员工离职的次月冻结其人事档案关系，并转为个人存档。

## 5.6.5　事项五：被派遣员工退回管理

（1）明确被派遣员工被退回的标准

为防止用工单位无正当理由随意退回被派遣员工，劳务派遣公司应明确被派遣员工被退回的标准，并告知用工单位，同时写入与用工单位签订的劳务派遣协议中。

① 被派遣员工有下列情形之一的，用工单位可以退回被派遣员工。

a. 被派遣员工在试用期间被证明不符合录用条件的。

b. 被派遣员工严重违反用工单位的规章制度的。

c. 被派遣员工严重失职，营私舞弊，给用工单位造成重大损害的。

d. 被派遣员工同时与其他用工单位建立劳动关系，对完成用工单位的工作任务造成严重影响，或者经用工单位提出，拒不改正的。

e. 被派遣员工以欺诈、胁迫的手段或者乘人之危，使劳务派遣公司在违背真实意思的情况下订立或者变更劳务派遣合同的。

f. 被派遣员工被依法追究刑事责任的。

② 用工单位出现以下三种情形，方可将被派遣员工退回劳务派遣公司。

a. 用工单位有《劳动合同法》第四十条第（三）项、第四十一条规定的情形的。

b. 用工单位被依法宣告破产、吊销营业执照、责令关闭、撤销、决定提前解散或者经营期限届满不再继续经营的。

c. 劳务派遣协议期满终止的。

③ 被派遣员工有以下情形之一时，在派遣期限届满前，用工单位不得退回被派遣员工，派遣期限届满的，应当延续至相应情形消失时方可退回。

a. 从事接触职业病危害作业的被派遣员工未进行离岗前职业健康检查，或者疑似职业病病人在诊断或者医学观察期间的。

b. 在用工单位患职业病或者因工负伤并被确认丧失或者部分丧失劳动能力的。

c. 患病或者非因工负伤，在规定的医疗期内的。

d. 女职工在孕期、产期、哺乳期的。

e. 法律、行政法规规定的其他情形。

（2）确定被派遣员工退回后的处理方式

被派遣员工被用工单位退回后，劳务派遣公司应根据退回的原因依法处理与被派遣员工的劳动关系。

① 被派遣员工有《劳动合同法》第三十九条和第四十条第（一）项、第（二）项规定情形的，劳务派遣单位可以劳动合同法第六十五条第（二）项的规定与被派遣员工解除劳动合同。

② 用工单位以《劳务派遣暂行规定》第十二条规定的情形将被派遣员工退回劳务派遣公司的，若劳务派遣公司重新派遣时维持或者提高劳动合同约定条件，被派遣员工不同意的，劳务派遣公司可以解除劳动合同；若劳务派遣公司重新派遣时降低劳动合同约定条件，被派遣员工不同意的，劳务派遣公司不得解除劳动合同，同时，在被派遣员工退回后无工作期间，劳务派遣公司应按照不低于所在地人民政府规定的最低工资标准，向其按月支付报酬。

（3）被派遣员工退回责任追究

① 用工单位违规退回被派遣员工，给被派遣员工造成伤害的，劳务派遣公司应跟用工单位进行协商，要求其承担连带赔偿责任；协商不成的，可酌情申请仲裁或诉讼。

② 因被派遣员工自身因素（如不服从用工单位管理、违反用工单位规章制度等）被用工单位退回的，劳务派遣公司保留对其追究的权利，情节严重的，劳务派遣公司有权与其解除劳动合同。

### 5.6.6　流程一：合同签订管理流程

合同签订管理流程如图 5-9 所示。

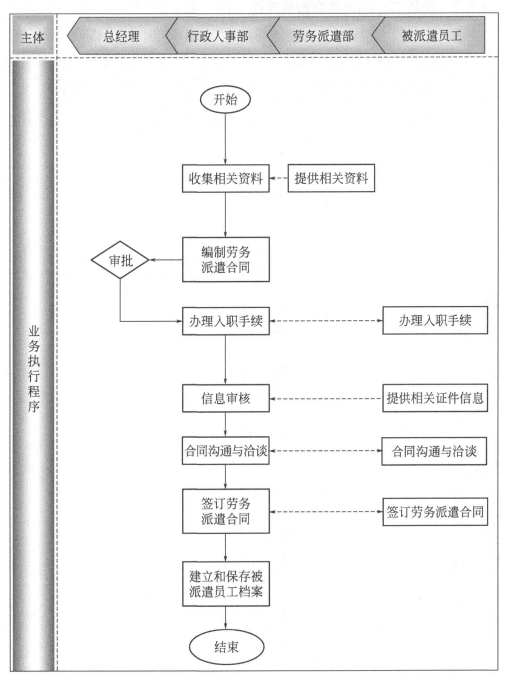

图 5-9 合同签订管理流程

### 5.6.7 流程二：档案建立管理流程

档案建立管理流程如图 5-10 所示。

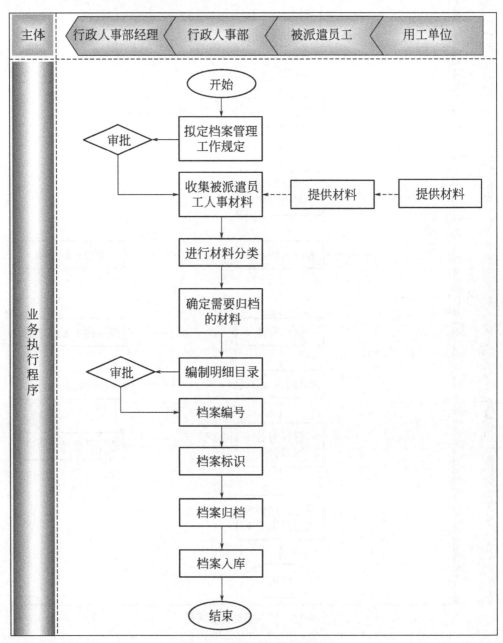

图 5-10 档案建立管理流程

## 5.6.8 流程三：劳动纠纷处理流程

劳动纠纷处理流程如图 5-11 所示。

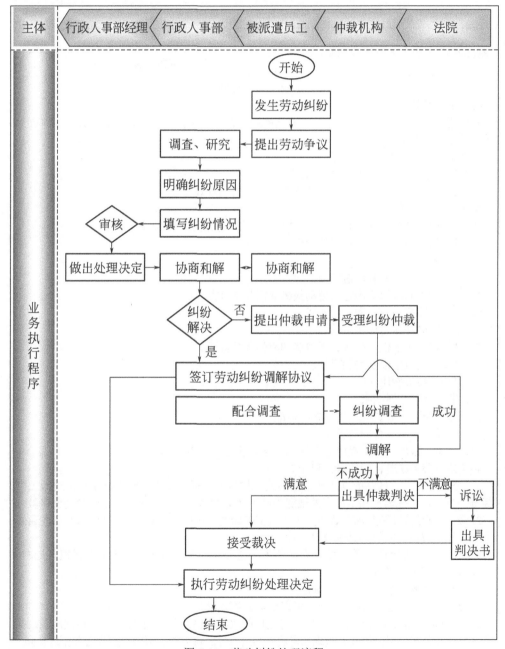

图 5-11 劳动纠纷处理流程

## 5.6.9 规范：员工关系管理制度

员工关系管理制度如表 5-20 所示。

表 5-20　员工关系管理制度

| 制度名称 | 员工关系管理制度 | 版　次 | |
| --- | --- | --- | --- |
| | | 编制日期 | |

| 第 1 章　总则 |
| --- |
| 第 1 条　目的<br>为规范员工关系管理，创建融洽、和谐的劳资合作关系，以增强公司的凝聚力、向心力等，特制定本制度。<br>第 2 条　适用范围<br>本制度适用于员工关系管理的相关事宜。 |
| 第 2 章　员工合同管理 |
| 第 3 条　劳务派遣合同的订立<br>劳务派遣合同应以书面形式签订，劳务派遣合同中应至少涉及以下条款。<br>1. 派遣的工作岗位名称和岗位性质。<br>2. 工作地点。<br>3. 被派遣人员数量和派遣期限。<br>4. 按照同工同酬原则确定的劳动报酬数额和支付方式。<br>5. 社会保险费的数额和支付方式。<br>6. 工作时间和休息休假事项。<br>7. 被派遣人员工伤、生育或者患病期间的相关待遇。<br>8. 劳动安全卫生以及培训事项。<br>9. 经济补偿等费用。<br>10. 劳务派遣合同期限。<br>11. 劳务派遣服务费的支付方式和标准。<br>12. 违反劳务派遣合同的责任。<br>13. 法律、法规、规章规定应当纳入劳务派遣合同的其他事项。<br>第 4 条　劳务派遣合同的履行和变更<br>1. 公司每月____日之前以法定货币形式支付员工工资，员工工资不低于本市最低工资标准，且公司应按国家和本市有关规定为员工缴纳养老、医疗、失业、工伤等社会保险。<br>2. 公司因经营发展要求需要与员工续订劳务派遣合同的，应提前 30 日以书面形式通知员工，经双方协商同意，办理续订手续。<br>3. 公司与员工协商一致，可以变更劳务派遣合同约定的内容。变更劳务派遣合同时，公司应当采用书面形式。<br>第 5 条　劳务派遣合同的终止和解除<br>1. 经公司与派遣员工协商一致，可以解除劳务派遣合同。<br>2. 派遣员工解除劳务派遣合同时，应当提前 30 日以书面形式通知公司，在试用期内提前 3 日通知公司；当公司确有违规和未履行约定条件的行为时，可随时解除劳务派遣合同。 |

续表

| 制度名称 | 员工关系管理制度 | 版　次 | |
|---|---|---|---|
| | | 编制日期 | |

3. 公司可以因被派遣员工过失（严重违规违纪、严重失职等情况）、被派遣员工非过失原因及国家相关法律规定的可以解除劳务派遣合同的情形，与员工解除劳务派遣合同。

4. 员工被提前解除劳务派遣合同时，符合相关规定应支付经济补偿金的，公司应按国家及地方有关规定进行经济补偿。

5. 对于合同到期后公司不再聘任的员工，行政人事部应在合同到期日及时与其结清工资、办理离职交接手续。

6. 劳务派遣合同期满、合同主体资格丧失或在客观上已无法履行合同的情况下，合同可以终止。

第 6 条　纠纷处理

当出现纠纷时，行政人事部应组织调解纠纷、处理纠纷。调解不成的，当事人可在规定时间内向当地劳动争议仲裁委员会申请仲裁。

第 7 条　违约责任

若劳动双方违反劳务派遣合同中的相关条款，合同对方可要求其承担相应的违约责任。

### 第 3 章　员工沟通管理

第 8 条　入职前沟通

公司行政人事部及各部门负责人在员工入职前须将公司性质、工作性质等内容进行客观的描述。

第 9 条　岗前培训沟通

1. 公司培训部负责对被派遣员工进行沟通培训。

2. 岗前培训沟通的内容包括让员工了解三方关系、劳务派遣的优势、公司的规章制度、工作职责与要求、用工单位管理制度等。

第 10 条　派遣期间沟通

劳务派遣部应定期与正在派遣的员工进行沟通，了解被派遣员工的心理状态及工作状态，以便及时帮员工处理。

第 11 条　离职沟通

被派遣员工离职时，行政人事部应做好与离职员工的沟通工作，了解并分析员工离职原因，并对欲挽留员工进行挽留。

### 第 4 章　员工活动管理

第 12 条　部门员工活动

公司部门的员工活动由各部门自行组织与实施，包括制订活动方案、预算活动经费、活动具体策划及活动费用报销等。

第 13 条　公司员工活动

行政人事部负责组织和实施由公司发起的员工活动，活动方案及活动预算需报公司总经理审批。

第 14 条　员工活动规则

1. 无论是部门的员工活动，还是公司的员工活动，各种活动均须做到公平、公正和公开。人力资源部应对各部门开展员工活动进行监督。

2. 如在活动中出现任何违规行为，人力资源部将追究相关人员的责任。

续表

| 制度名称 | 员工关系管理制度 | 版　次 | |
| --- | --- | --- | --- |
| | | 编制日期 | |

3. 各类员工活动都应设置相应的奖品作为员工活动的奖励，但奖品的金额不得超出预算，如确需超出预算，各部门或人力资源部应提前申请。

第 15 条　活动安全管理

在活动中，活动的组织者应做好活动用车、活动餐饮、活动设施、活动组织的安全管理工作，对员工进行安全教育，最大限度地保证员工安全。

第 16 条　活动应急处理

凡外出活动，活动的组织者应做好事故预防工作。凡是在活动中发生伤害事故或发生病痛情况，活动组织者应做出紧急处理，首先及时救治受伤害员工，严重者需拨打 120 或直接送医院医治，并安排人员进行跟进处理。

### 第 5 章　员工关怀管理

第 17 条　节假日关怀

遇重要节假日，如中秋节、春节等，行政人事部应根据公司情况，给予被派遣员工适当的慰问和祝福，让被派遣员工心有所系。

第 18 条　生日关怀

遇员工生日，行政人事部应为过生日员工发放生日祝福短信。

第 19 条　困难关怀

公司员工个人或员工家庭遭遇重大困难时，行政人事部除代表公司送达慰问与关怀外，还应根据公司总经理的审批情况，给予不同程度的物质帮助等。

### 第 6 章　员工申诉管理

第 20 条　员工申诉范围

员工申诉的范围主要包括对工作安排不接受、对绩效考核结果有异议、对上级领导的处理结果不认同等。

第 21 条　员工申诉程序

1. 申诉员工可直接向本部门主管提出申诉，如部门主管在规定时间内仍未解决问题，申诉员工可向部门经理或行政人事提出诉讼。

2. 申诉员工对投诉结果处理不满意，可继续向公司分管副总提出复议，分管副总在规定时间内重新了解情况后给予处理意见。

3. 分管副总的处理意见为申诉的最终结果。

### 第 7 章　附则

第 22 条　本规范由公司行政人事部负责制订、修改与解释。

第 23 条　本规范经公司总经理签字批准后实施。

## 5.7 理赔报销服务

### 5.7.1 事项一：社会保险报销

劳务派遣公司按照与个人或企业签订的服务协议，为其办理医疗费用、生育保险费用和工伤保险费用等社会保险的报销。现在医疗费用都是实时结算，因此这里重点讲述生育保险费用和工伤保险费用的报销服务工作。

（1）生育保险报销

劳务派遣公司在开展客户公司员工生育保险报销业务时，应注意以下两个问题。

① 不了解当地生育保险和计划生育等相关政策，无法提供正确的、齐全的材料，导致生育保险费用申领不下来。

② 未按规定将生育医疗费用和生育津贴分项提交资料，或生育医疗费用报销相关资料提交超过报销期限，导致生育医疗费用不能报销。

（2）工伤保险报销

劳务派遣公司在开展客户公司员工工伤保险报销业务时，应注意以下两个问题。

① 不熟悉工伤认定行政部门的办事程序，对后续工作带来不便。

② 工伤费用报销资料提交不及时、不全面、不恰当，导致员工不能及时开展工伤费用报销手续的办理。

### 5.7.2 事项二：商业保险理赔

商业保险的理赔，劳务派遣公司主要负责以下内容。

（1）理赔前

① 及时准确回答客户问题。
② 告知相关当事人理赔注意事项，耐心指导相关当事人办理商业保险理赔。

（2）理赔中

① 及时提交商业保险理赔相关资料。
② 配合保险公司对客户提交的理赔资料进行审查。
③ 督促并落实保险公司对客户商业保险理赔办理。

### 5.7.3 流程一：工伤认定与费用报销业务流程

工伤认定与费用报销业务流程如图 5-12 所示。

### 5.7.4 流程二：商业保险理赔服务流程

商业保险理赔服务流程如图 5-13 所示。

### 5.7.5 制度：社会保险报销管理制度

社会保险报销管理制度如表 5-21 所示。

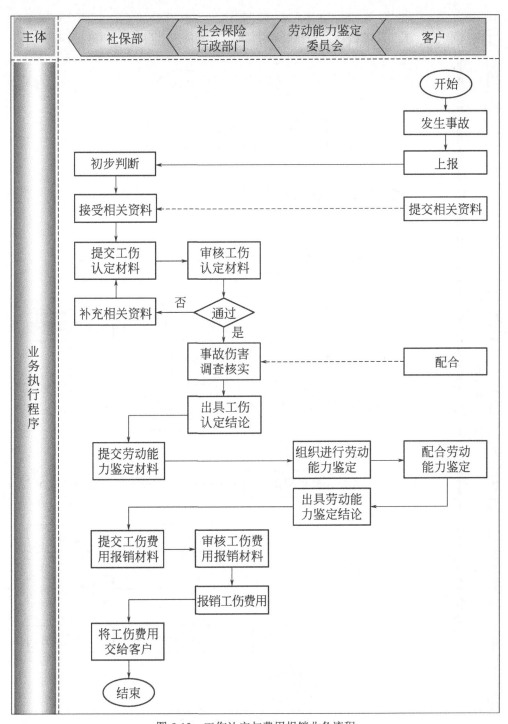

图 5-12 工伤认定与费用报销业务流程

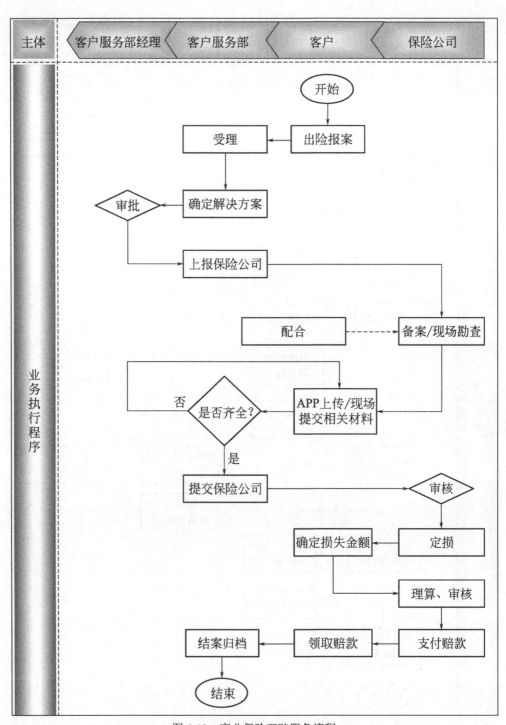

图 5-13 商业保险理赔服务流程

### 表 5-21 社会保险报销管理制度

| 制度名称 | 社会保险报销管理制度 | 版　次 | |
|---|---|---|---|
| | | 编制日期 | |

#### 第 1 章　总则

**第 1 条　目的**

为规范本公司社会保险报销服务工作，更好地为客户提供服务，特制定本制度。

**第 2 条　适用范围**

本制度适用于本公司社会保险报销业务的管理。

#### 第 2 章　工伤费用报销

**第 3 条　工伤医疗费用报销**

客户单位员工因工作遭受事故伤害或者患职业病进行治疗，可进行工伤医疗费用报销。工伤医疗费用报销的基本要求如下所示。

1. 就医地点：员工治疗工伤在签订服务协议的医疗机构就医，除情况紧急可先到就近医疗机构急救。

2. 工伤治疗费用：治疗工伤所花费用符合工伤保险诊疗项目目录、工伤保险药品目录、工伤保险住院服务标准的，进行工伤费用报销。工伤保险诊疗项目目录、工伤保险药品目录、工伤保险住院服务标准，由国务院社会保险行政部门会同国务院卫生行政部门、食品药品监督管理部门等部门规定。

3. 交通、食宿等费用：员工住院治疗工伤的伙食补助费，以及经医疗机构出具证明，报社保经办机构同意，工伤员工到统筹地区以外就医所需的交通、食宿费用可进行工伤费用报销，报销的具体标准由统筹地区人民政府规定。

4. 工伤康复费用：员工到签订服务协议的医疗机构进行工伤康复的费用，符合规定的，可进行工伤费用报销。

5. 非工伤引发的疾病治疗费用：工伤员工治疗非工伤引发的疾病，不能进行工伤费用报销，按照基本医疗保险办法处理。

6. 辅助器具费用：工伤员工因日常生活或者就业需要，经劳动能力鉴定委员会确认，可以安装假肢、矫形器、假眼、假牙和配置轮椅等辅助器具，所需费用按照国家规定的标准进行工伤费用报销。

**第 4 条　停工留薪期费用**

1. 员工因工作遭受事故伤害或者患职业病需要暂停工作接受工伤医疗的，在停工留薪期内，原工资福利待遇不变，由员工所在单位按月支付。

2. 停工留薪期一般不超过 12 个月。伤情严重或者情况特殊，经设区的市级劳动能力鉴定委员会确认，可以适当延长，但延长不得超过 12 个月。工伤员工评定伤残等级后，停发原待遇，按照本章的有关规定享受伤残待遇。工伤员工在停工留薪期满后仍需治疗的，可继续申请工伤医疗费用报销。

3. 生活不能自理的工伤员工在停工留薪期需要护理的，由所在单位负责。

**第 5 条　生活护理费**

1. 工伤员工已经评定伤残等级并经劳动能力鉴定委员会确认需要生活护理的，可申请生活护理费，按月支付生活护理费。

2. 生活护理费按照生活完全不能自理、生活大部分不能自理或者生活部分不能自理 3 个不同等级申请，其标准分别为统筹地区上年度员工月平均工资的 50%、40% 或者 30%。

续表

| 制度名称 | 社会保险报销管理制度 | 版次 | |
| --- | --- | --- | --- |
| | | 编制日期 | |

第6条 员工因工致残补偿
工伤员工已经评定伤残等级为1~10级的,具体工伤补偿标准参照当地相关规定。

第7条 员工死亡待遇
员工因工死亡,其近亲属按照当地相关规定标准申请领取丧葬补助金、供养亲属抚恤金和一次性工亡补助金等死亡补偿标准。

第3章 生育保险报销

第8条 生育保险报销条件
社保部人员给客户公司员工进行生育保险报销时,应根据当地相关政策明确生育保险报销条件。

第9条 生育保险报销范围
社保部人员给客户公司员工进行生育保险报销时,需要掌握当地关于生育保险报销范围的规定,确定生育保险报销范围。

第10条 生育保险报销材料
1. 社保部人员进行生育保险报销前,需要通知客户公司员工准备相关资料。
2. 具体相关资料根据当地相关政策确定。

第11条 生育保险报销流程
客户公司员工发生生育医疗费用由个人垫付,然后由本公司社保部人员代其申报给社保经办机构,社保经办机构将审核后的医疗费用支付本公司,本公司再将医疗费用支付给客户公司,客户公司收到医疗费后应及时支付给参保员工。

第4章 附则

第12条 本制度由公司社保部负责制定、修改与解释。
第13条 本规范经公司总经理签字批准后实施。

### 5.7.6 规范:商业保险理赔办理服务规范

商业保险理赔办理服务规范如表5-22所示。

表5-22 商业保险理赔办理服务规范

| 制度名称 | 商业保险理赔办理服务规范 | 版次 | |
| --- | --- | --- | --- |
| | | 编制日期 | |

第1章 总则

第1条 为规范本公司商业保险理赔办理服务工作,提升公司理赔办理服务质量,树立公司形象,特制定本规范。
第2条 本规范适用于本公司商业保险理赔办理服务。

续表

| 制度名称 | 商业保险理赔办理服务规范 | 版 次 | |
|---|---|---|---|
| | | 编制日期 | |

第 2 章　基本服务规范

第 3 条　客服服务部人员应按照公司规定佩戴标明身份的工牌号，工牌号要求干净整洁无破损，或在柜台前放置岗位标识卡。

第 4 条　客服服务部人员应保持仪容仪表整洁、简单、大方，服务热情周到。

第 5 条　客户来电，客服服务部人员应在电话铃声响起＿＿＿秒以内接听："您好！客户服务部，有什么能为您服务的吗？"如信号不佳，难以听清对方的声音时，应温和地告知对方："对不起，电话声音太小，麻烦您重复一遍。"

第 6 条　与客户沟通时，语调不得过高，不可出现烦躁情绪，须详细回答客户的问题，不得草草挂断来电。

第 7 条　确定客户放下电话后，方可放下电话。

第 3 章　理赔服务规范

第 8 条　客户服务部在接到客户公司的保险事故通知后，应当及时告知相关当事人理赔注意事项，指导相关当事人保留与提供保险事故的性质、原因、损失程度等有关的证明和资料。

第 9 条　客户在公司理赔 APP 上传或现场提交相关材料后，客户服务部人员应在＿＿＿个工作日内对客户所提交的材料进行审核，确保资料准确、齐全。

第 10 条　客户服务部人员审核理赔材料无误后，应在＿＿＿个工作日内上交相关保险公司，并配合保险公司办理后续理赔工作。

第 4 章　附则

第 11 条　本规范由公司社保部负责制定、修改与解释。

第 12 条　本规范经公司总经理签字批准后实施。

# 5.8 客户关系服务

## 5.8.1 事项一：客户关系维护管理

客户关系维护贯穿劳务派遣服务的整个过程，它不仅为了促成交易，也让客户有良好的服务体验，从而产生稳定的、忠诚度高的客户群体，可以给公司带来更多的收益。

**（1）建立客户资料数据库**

利用 CRM 系统存储客户数据，首先对客户进行分类，可分为潜在客户、目标客户和老客户，然后对不同类别的客户进行信息登记，主要包括客户的企业性质、规模、经营状况、产品及相关资质，客户的发展历史、企业文化、经营理念、信用状况、行业口碑、采用劳务派遣方式的原因，使用派遣人员的期限、所从事的岗位、技能、工作数量、质量要求，使用派遣人员所执行的工时制度和薪资待遇等，最后通过系统自动统计，分析客户的需求，这样业务人员能准确抓住客户的痛点，有目的性地维护客户关系。

**（2）关注客户需求**

在维护客户关系过程中，公司应时刻关注客户的需求变化，及时了解客户的实际情况，以便发现新业务来促成二次交易。

**（3）不定期回访**

劳务派遣公司应该对潜在客户、目标客户以及老客户进行不定期回访，通过回访与客户进行互动沟通，完善客户数据库，维护客户关系的同时，也为进一步的业务拓展做好铺垫准备。

**（4）做好售后维护工作**

劳务派遣公司应定期进行客户满意度调查，针对有关问题进行书面信息反馈，并积极采取有效措施改进、完成，同时积极协助用工单位进行绩效考核、薪酬办法制定，并开通咨询电话、电子邮箱，长期面向用工单位提供劳动人事政策、法律法规的咨询工作。

### 5.8.2 事项二：大客户关系管理

**（1）大客户筛选标准**

大客户是指对公司生存与发展起着举足轻重作用的客户，是公司为自己的未来所进行投资的客户。

劳务派遣公司为获得可观的收益和实现公司战略目标，需及时识别大客户，因此公司应根据自身的经营特征，制订大客户筛选标准，区分普通客户与大客户，以便能更加有针对性地为客户服务。

（2）建立大客户档案

大客户档案是记录有关大客户信息的材料，包括大客户的基本信息、客户与公司的交易信息、客户的市场潜力及经营发展方向、客户的信用状况及财务能力等方面的信息材料。

劳务派遣公司在建立大客户档案时，应注意以下事项。

① 客户档案信息必须全面详细，便于公司根据大客户的具体情况制订一对一的服务策略。

② 大客户档案内容必须真实，公司应根据大客户实际情况开展大客户调查工作，不得随意编造大客户档案。

③ 大客户档案建立后，公司应对档案的信息资料进行动态更新与维护，保证大客户信息的时效性。

（3）维护大客户关系

大客户关系维护工作应以现有客户为重点，同时也包括未来客户。对大客户关系进行维护时，一般采用以下两种方式。

① 通过电话、电子邮件以及面谈等方式与大客户进行经常性沟通，以保持良好关系。

② 对大客户实行定期回访与不定期回访相结合的回访方式，便于随时了解大客户的需求，维护与大客户的良好关系。

（4）评估大客户关系

劳务派遣公司应定期评估大客户关系，然后根据评估结果拟定大客户关系改进措施。

## 5.8.3 事项三：客户纠纷管理

劳务派遣公司在与客户合作过程中，由于各种各样的原因，双方可能难以避免地发生一些纠纷。一般情况下，发生纠纷的处理办法主要有协商、调解、仲裁及诉讼 4 种。

① 协商。协商是解决纠纷的常用办法。当出现纠纷时，公司应本着公平、公正、客观的原则，与客户进行纠纷协商。

② 调解。在一般情况下，调解处理办法的成本较低、效率较高，可有效解决纠纷，因此劳务派遣公司在处理纠纷时还可以选择进行纠纷调解。

③ 仲裁。当出现纠纷时，若客户不愿意通过协商、调解的方法解决或通过协商、调解方法无法解决，公司可向相关仲裁机构申请仲裁。

④ 诉讼。当无法进行协商、调解、仲裁或协商、调解、仲裁无法解决纠纷时，公司可向法院提起诉讼。

### 5.8.4　流程一：客户关系维护流程

客户关系维护流程如图 5-14 所示。

### 5.8.5　流程二：客户纠纷处理流程

客户纠纷处理流程如图 5-15 所示。

### 5.8.6　制度：客户关系管理制度

客户关系管理制度如表 5-23 所示。

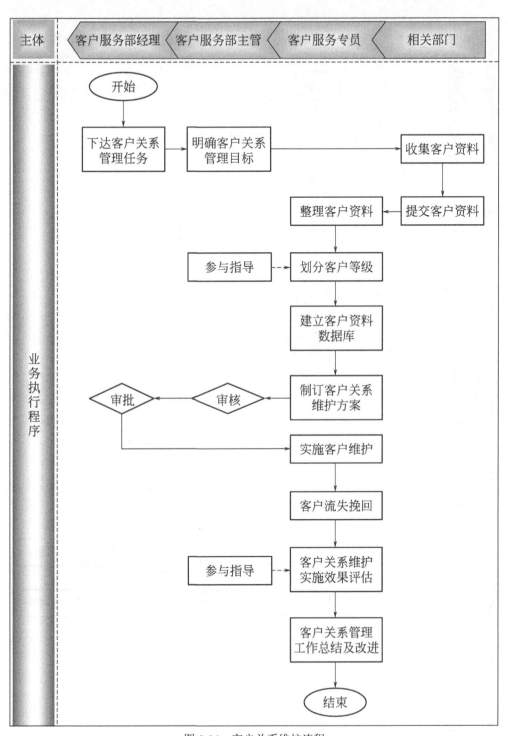

图 5-14 客户关系维护流程

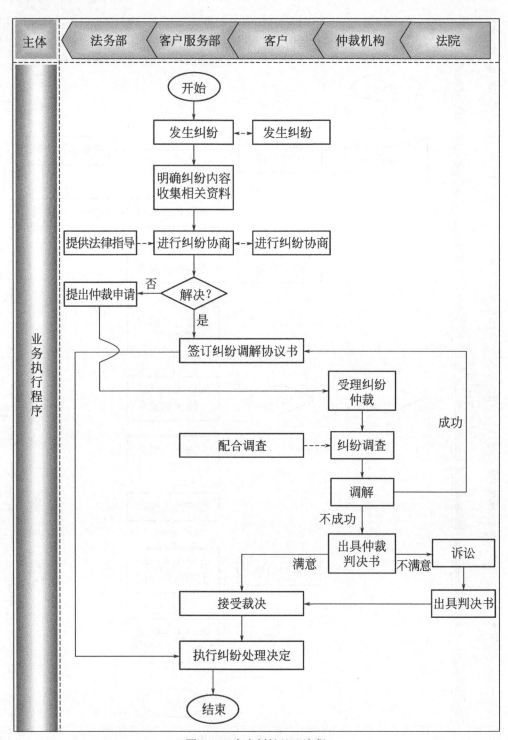

图 5-15 客户纠纷处理流程

**表 5-23　客户关系管理制度**

| 制度名称 | 客户关系管理制度 | 版　次 | |
| --- | --- | --- | --- |
| | | 编制日期 | |

第 1 章　总则

第 1 条　目的

为不断加深对客户需求的认知，实现以"客户为中心"的经营理念，提高客户满意度，改善客户关系，提升公司的竞争力，特制定本制度。

第 2 条　适用范围

本制度适用于本公司现有的所有客户及潜在客户的关系管理。

第 3 条　术语解释

客户关系管理是一个不断加强与客户交流，不断了解客户需求，并不断对产品及服务进行改进和提高的过程。

第 2 章　客户计划管理

第 4 条　客户计划制订目的

客户计划制订的目的是分析重点客户对公司的价值，最大程度地发掘客户价值。

第 5 条　客户计划构成

客户计划一般包括但不限于下表所列出的五部分内容。

客户计划的构成

| 条目 | 说明 |
| --- | --- |
| 计划摘要 | ◇突出客户计划总的目的和方向，包括客户目标，并提出对客户的一个总的看法 |
| 客户概况 | ◇介绍客户，即介绍客户的最新重大动向、所处位置、市场、战略、趋势以及所拥有的优势、劣势、机会和面临的威胁 |
| 竞争概况 | ◇介绍主要竞争对手的优势、劣势、目前的状况及建议的策略等 |
| 情况评估 | ◇分析公司与客户的关系状况，包括历史沿革、目前的业务、关系生命周期 |
| 客户计划 | ◇根据前述分析，制订的行动计划 |

第 6 条　客户计划的制订

1. 客户关系计划由客户服务部完成，业务部参与讨论和指导。
2. 客户计划可根据市场情况和客户状况的变化进行调整，调整权由业务部掌握。
3. 客户计划由业务部归档保存。

第 3 章　客户信息管理

第 7 条　客户信息管理原则

客户信息的管理工作应遵循下面四项原则。

1. 客户信息管理应根据客户情况的变化不断加以调整并进行跟踪记录。
2. 客户信息管理的重点不仅包括现有客户，还包括更多的潜在客户。
3. 将客户信息资料以灵活的方式及时全面地提供给销售人员。同时应利用客户资料进行科学合理的分析，使客户信息数据库充分发挥作用。

续表

| 制度名称 | 客户关系管理制度 | 版次 | |
| --- | --- | --- | --- |
| | | 编制日期 | |

4. 客户信息数据库应由专人负责管理,并制定严格的查阅、使用和管理制度。

**第 8 条　客户信息的收集**

客户信息主要包括客户基础资料、客户特征资料、业务状况、交易活动现状等内容,具体说明如下表所示。

客户信息主要内容汇总表

| 内容 | 具体说明 |
| --- | --- |
| 客户基础资料 | ◇客户基础资料主要是通过销售人员对客户进行的电话访问、邮件联系和实地拜访等渠道收集来的,主要包括客户基本情况、所有者与管理者信息、资质、创立时间、与公司交易的时间、企业规模、所属行业、资产状况等各方面的内容 |
| 客户特征资料 | ◇客户特征资料主要包括客户的服务区域、销售能力、发展潜力、公司文化、经营方针与政策、企业规划(员工人数、销售额等)、经营管理模式等特征 |
| 业务状况 | ◇业务状况资料主要包括目前及以往的销售实绩、经营管理者和业务人员的素质、与其他竞争对手的关系、与公司的业务联系及合作情况等 |
| 交易活动现状 | ◇交易活动现状主要包括客户现在存在的问题、企业信誉与形象、交易条件和以往出现的信用问题等 |

**第 9 条　客户信息的管理**

客户服务部必须建立客户基本资料档案,并对客户信息档案的使用做出规定,具体内容如下。

1. 客户基本资料档案一式三份,客户服务人员留存一份供业务使用;两份交客户部存档,供市场分析和安排走访客户计划等使用。

2. 在具备条件时,以电子表格形式填写、保存和传递客户信息资料,统一存放于公司数据库。

3. 客户服务部应及时跟踪客户情况的变化,及时填写、更新客户信息档案的内容。更新内容应及时提供给档案管理人员。

4. 客户服务人员应定期对客户档案进行重新核定。

5. 禁止在公众场所阅读客户信息资料,以免失密。一旦发生遗失或泄密事件,对当事人予以严肃处理,直接上级承担领导责任。

第 4 章　客户关系管理措施

**第 10 条　客户关系维护措施**

客户服务部和业务部应组织下属员工通过以下措施有效维护客户关系。

1. 增加客户的合作收益,如对信用较好的客户提供一定程度的优惠等。

2. 通过各种公共媒体以及公司举办的各种公共活动来影响客户的发展倾向,增强公司的亲和力。

续表

| 制度名称 | 客户关系管理制度 | 版次 | |
| --- | --- | --- | --- |
| | | 编制日期 | |

3．通过了解客户的具体信息，使公司的服务更加人格化和个性化。
4．有计划地缩短客户服务项目的淘汰周期，推出新的客户服务项目。
5．在为客户提供客户服务的过程中，注意使用标准客户服务用语。
6．简化老客户的服务流程，方便老客户。
7．在老客户进行下一次的交易活动时给予折扣，建立鼓励回头客的奖励机制。
8．举办客户礼物赠送活动，让其感到特别的优待。
9．对客户信守承诺，提供超值服务。
10．使用电话定期跟踪或定期拜访老客户。

第11条 客户关系促进措施
客户服务部和业务部人员拉近和改善客户关系的措施至少包括以下六点。
1．收集客户各方面资料，包括企业的、个人的资料，并建立客户资料档案。
2．根据客户特点、需求为客户提供合理化建议，推荐合适的产品服务，帮助客户经营。
3．认真履行合同，积极落实合作承诺。
4．实施回访，了解客户对公司产品服务的使用情况、对产品质量的意见、对销售策略的建议等，以便改进产品质量、提升服务。
5．经常为客户传递一些对其经营发展有意义的信息，让客户感受到其备受重视。
6．为客户提供一流服务，赢得客户的信赖。

第5章 附则

第12条 本制度由客户服务部负责制定、解释及修改。
第13条 本制度自颁布之日起执行。

## 第6章

## 劳务派遣纠纷、风险与内部控制

# 6.1 劳务派遣纠纷

## 6.1.1 纠纷问题聚焦

（1）同工不同酬引纠纷

在劳务派遣这一用工方式下，存在着被派遣员工与正式员工做相同的工作，劳动报酬却比正式员工低的现象，这对于被派遣员工极不公平。

同工同酬是指用人单位对于技术和劳动熟练程度相同的劳动者在从事同种工作时，不分性别、年龄、民族、区域等差别，只要提供相同的劳动量，就获得相同的劳动报酬。

（2）同工同酬的标准

① 劳动者的工作岗位与实际身份无关。
② 在相同的工作岗位上实行相同的劳动报酬分配方法。
③ 同样的工作量取得了相同的工作业绩。

（3）法规链接

《劳动法》第四十六条规定："工资分配应当遵循按劳分配原则，实行同工同酬"。

《劳动合同法》第六十三条有这样的规定："被派遣劳动者享有与用工单位的劳动者同工同酬的权利。用工单位应当按照同工同酬原则，对被派遣劳动者与本单位同类岗位的劳动者实行相同的劳动报酬分配办法。用工单位无同类岗位劳动者的，参照用工单位所在地相同或者相近岗位劳动者的劳动报酬确定。"

劳务派遣中同工不同酬的争议，较之其他劳动争议的一个显著特点：被派遣员工因信息不对称状态更为严重导致举证能力不足。

## （4）退工争议问题

依据有关规定，在符合条件的情况下，用工单位可以向劳务派遣公司退回被派遣员工。在这一环节中，可能会产生退工纠纷。

根据《劳动合同法》及《劳务派遣暂行规定》的相关规定，用工单位可以将员工退回劳务派遣单位，用工单位辞退员工的类型主要包括过错性辞退和非过错性辞退。

① 过错性辞退。过错性辞退是指被派遣人员有过错性情形时，用工单位有权随时退回被派遣人员到劳务派遣单位的行为。用工单位的过错性辞退主要有以下情形。具体内容如下。

a. 不符合用工单位与劳务派遣公司签订的协议中对被派遣人员的要求。

b. 被派遣人员严重违反用工单位的规章制度。

c. 被派遣人员严重失职，营私舞弊，给用工单位造成重大损失。

d. 被派遣人员被依法追究刑事责任。

② 非过错性辞退。非过错性辞退是指被派遣员工本人无过错，但是由于被派遣员工自身的客观原因或外部环境发生变化致使劳动合同无法履行，劳务派遣公司在符合法律规定的情形下，履行法律规定的程序后可以单方面解除劳动合同的情况。劳务派遣公司人力资源管理人员在实施非过错性辞退时，应掌握以下要点。

a. 非过错性辞退的适用范围。非过错性辞退的适用范围如图 6-1 所示。

◎ 员工患病或者非因工负伤，在规定的医疗期满后不能从事原工作，也不能从事由企业另行安排的工作的

◎ 员工不能胜任工作，经过培训或者调整工作岗位，仍不能胜任工作的

◎ 劳动合同订立时所依据的客观情况发生重大变化，致使劳动合同无法履行，经企业与员工协商，未能就变更劳动合同内容达成协议的

图 6-1 非过错性辞退的适用范围

b. 非过错性辞退的具体做法。非过错性辞退的具体做法如图 6-2 所示。

对于劳务派遣单位来说，首先需要对用工单位退回被派遣人员的依据进行审查，如果退回依据不充分，劳务派遣单位应与用工单位协商解决。

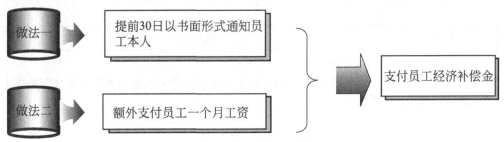

图 6-2 非过错性辞退的具体做法

（5）工伤赔付引纠纷

这主要涉及 2 个问题，一是明确劳务派遣关系下，工伤责任主体的认定问题；二是工伤标准认定的问题。

① 工伤责任主体的认定 《工伤保险条例》第四十三条规定："用人单位分立、合并、转让的，承继单位应当承担原用人单位的工伤保险责任；原用人单位已经参加工伤保险的，承继单位应当到当地经办机构办理工伤保险变更登记。用人单位实行承包经营的，工伤保险责任由职工劳动关系所在单位承担。职工被借调期间受到工伤事故伤害的，由原用人单位承担工伤保险责任，但原用人单位与借调单位可以约定补偿办法。企业破产的，在破产清算时依法拨付应当由单位支付的工伤保险待遇费用。"由此规定可知，工伤责任的承担方为实际用人单位。而在劳务派遣中，根据相关规定，劳务派遣单位是实际的用人单位，被派遣劳动者所工作单位为用工单位，所以员工在工作时间发生意外伤害事故，被认定为工伤的应该由劳务派遣单位承担工伤责任。

② 工伤标准认定

a. 工伤认定的范围。

根据《工伤保险条例》第十四条和第十五条的规定，可将下面的情况认定为工伤或视同工伤（即视为工伤对待），具体内容见表 6-1。

表 6-1 工伤认定的范围

| 情形 | 内容说明 |
| --- | --- |
| 认定工伤的情况 | 1）在工作时间和工作场所内，因工作原因受到事故伤害的<br>2）工作时间前后在工作场所内，从事与工作有关的预备性或者收尾性工作受到事故伤害的<br>3）在工作时间和工作场所内，因履行工作职责受到暴力等意外伤害的 |

续表

| 情形 | 内容说明 |
| --- | --- |
| 认定工伤的情况 | 4）患职业病的<br>5）因工外出期间，由于工作原因受到伤害或者发生事故下落不明的<br>6）在上下班途中，受到非本人主要责任的交通事故或者城市轨道交通、客运轮渡、火车事故伤害的<br>7）法律、行政法规规定应当认定为工伤的其他情形 |
| 视同工伤的情况 | 1）在工作时间和工作岗位，突发疾病死亡或者在48小时之内经抢救无效死亡的<br>2）在抢险救灾等维护国家利益、公共利益活动中受到伤害的<br>3）职工原在军队服役，因战、因公负伤致残，已取得革命伤残军人证，到用人单位后旧伤复发的 |

b. 工伤认定的申请。

根据《工伤保险条例》第十七条规定："员工发生事故伤害或者按照职业病防治法规定被诊断、鉴定为职业病，用人单位应当自事故伤害发生之日或者被诊断、鉴定为职业病之日起30日内，向统筹地区社会保险行政部门提出工伤认定申请。遇有特殊情况，经报社会保险行政部门同意，申请时限可以适当延长。"

c. 劳动能力鉴定及异议处理。

员工因工受伤后，进行工伤认定和劳动能力鉴定是法定的程序，工伤认定是对受伤的事实进行定性，确定其是否为工伤。劳动能力鉴定是对伤情等级进行评定，从而据以确定不同的工伤待遇。

员工发生工伤，经治疗伤情相对稳定后存在残疾、影响劳动能力的情况下，可进行劳动能力鉴定，以获得相应的补偿。劳动能力鉴定必须严格按照《工伤职工劳动能力鉴定管理办法》规定。

关于这一环节的异议处理，《工伤保险条例》也作出了清晰的规定，具体内容如下。

《工伤保险条例》第二十六条规定："申请鉴定的单位或者个人对设区的市级劳动能力鉴定委员会作出的鉴定结论不服的，可以在收到该鉴定结论之日起15日内向省、自治区、直辖市劳动能力鉴定委员会提出再次鉴定申请。省、自治区、直辖市劳动能力鉴定委员会作出的劳动能力鉴定结论为最终结论。"

《工伤保险条例》第二十八条规定："自劳动能力鉴定结论作出之日起1年后，

工伤职工或者其近亲属、所在单位或者经办机构认为伤残情况发生变化的，可以申请劳动能力复查鉴定。"

（6）劳务派遣公司与用工单位的责任纠纷

劳务派遣公司在与用工单位签订"签订派遣协议"时，对于几方之间的法律关系，尤其是对被派遣员工的权益保障主体需进行明确，避免因出现责任划分不明确导致纠纷。

## 6.1.2　纠纷问题处理

（1）协商

遇到劳动纠纷时，如出现同工不同酬的情况时，被派遣员工可以先与单位协商解决；协商不成被派遣员工可以向当地劳动仲裁委员会申请劳动仲裁；对仲裁的结果不服，被派遣员工可以向法院提起诉讼。

（2）调解

调解虽然不是劳动争议处理的必经程序，但却是劳动争议处理中的"第一道防线"。

采用调解的方式解决劳动争议应当根据事实，遵循合法、公正、及时、着重调解的原则，依法保护当事人的合法权益。具体内容见表6-2。

表 6-2　调解的原则

| 原则 | 内容说明 |
| --- | --- |
| 合法 | 以事实为依据，以法律为准绳，遵守《劳动法》《劳动合同法》等法律法规 |
| 公正 | 维护合法权益，防止徇私舞弊，防止因处理不公平导致员工关系恶化 |
| 及时 | 用人单位及时与员工进行沟通，尽快处理，防止劳动争议升级 |
| 着重调解 | 能够协商、调解一致的首先要进行协商、调解，避免劳动仲裁或诉讼的发生 |

（3）仲裁

在解决劳动纠纷过程中，劳动争议仲裁是前置程序。必须先由有管辖权的劳动争议调解仲裁委员会仲裁，仲裁后如果当事人仍不服的，可以向有管辖权的人民法院提起诉讼。

① 劳动争议仲裁时效。《中华人民共和国劳动争议调解仲裁法》(以下简称《劳动争议调解仲裁法》)对一般劳动争议案件的仲裁时效规定为1年，但是对拖欠劳动报酬的仲裁时效特别规定为只要是劳动关系存续期间的都可以追究。

② 劳动争议仲裁地点选择。《劳动争议调解仲裁法》第二十一条规定："劳动争议仲裁委员会负责管辖本区域内发生的劳动争议。劳动争议由劳动合同履行地或者用人单位所在地的劳动争议仲裁委员会管辖。双方当事人分别向劳动合同履行地和用人单位所在地的劳动争议仲裁委员会申请仲裁的，由劳动合同履行地的劳动争议仲裁委员会管辖。"

（4）诉讼

《关于审理劳动争议案件适用法律若干问题的解释（二）》第十条规定："劳动者因履行劳动力派遣合同产生劳动争议而起诉，以派遣单位为被告；争议内容涉及接受单位的，以派遣单位和接受单位为共同被告。"

### 6.1.3 派遣纠纷预防

（1）建立、完善劳务派遣公司的规章制度

企业的规章制度可以作为劳动争议的处理依据，因此劳务派遣公司管理人员必须做好内部规章制度的建立和完善工作。劳务派遣公司在拟定内部规章制度时，必须满足如表6-3所示的3大要点。

表6-3　劳务派遣公司的规章制度拟定的要点

| 要点 | 内容说明 |
| --- | --- |
| 内容合法 | 规章制度内容必须符合法律法规的规定，不能与法律法规相抵触 |
| 程序民主 | 规章制度要经过职代会或全体职工讨论，提出方案和意见，与工会或者职工代表平等协商确定，让职工有知情权和参与权 |
| 全员公示 | 规章制度需对全员进行公示，常见的公示方式有员工手册、公告栏、内部刊物等 |

（2）加强沟通

加强与被派遣员工的有效沟通。劳务派遣公司要多倾听被派遣员工的心声，了解其想法。还可以通过开展形式多样的活动增进双方的了解，这样可以化解一些纠纷。

加强与用工单位的沟通。通过沟通，积极化解派遣业务中的各种问题，确保合作关系顺畅、劳务派遣业务有序推进。

（3）查找管理漏洞，进行改善

劳务派遣公司可从企业近年来发生的劳动纠纷事例着手分析，将劳动纠纷发生次数较多、影响面较大的方面如劳动报酬等作为重点问题来抓，可有效降低风险事件的再次发生。

## 6.2 派遣风险识别

### 6.2.1 入职风险

在招聘环节，如果劳务派遣公司没有有效管控其中的法律风险，会给公司的运营带来麻烦。

（1）关于录用条件

① 明确录用条件。对录用条件进行清楚、明确的描述。录用的条件一定要明确化，切忌笼统和抽象的描述，能量化的条件尽可能量化。

② 设置的条件应符合法律规定。一个好的招聘广告，能准确地将企业需要的人才要求传递给求职者，适时地为企业招聘到合适的人才，也为以后的劳动关系管理与员工胜任发展等方面奠定良好的基础。

但是，一个有缺陷甚至是不符合规定的招聘广告，常常会为企业带来高离职率，甚至是劳动纠纷。为了避免招聘广告可能带来的法律风险，企业人力资源人员在拟订招聘广告时，至少应注意表6-4所示的2个方面的内容。

表 6-4　招聘广告撰写需注意的问题

| 项目 | 内容说明 |
| --- | --- |
| 就业歧视 | 岗位工作内容并不具备性别特点时，招聘广告中提出明确的性别要求 |
| | 岗位工作内容并不与婚姻状况有关联时，在招聘广告中提出明确的婚姻状况的要求 |
| | 在招聘广告中，限制求职者的民族 |
| | 在招聘广告中，限制户籍地、户籍性质 |
| | 在招聘广告中，对不需要特殊健康要求的岗位，提出与法律法规规定不符的健康要求 |
| 不能涉嫌欺诈 | 指故意告知对方虚假情况或故意隐瞒真实情况，诱使对方作出错误意愿表示 |

（2）关于派遣员工提供的信息

在新员工面试填写应聘登记表、入职登记表等相关表格的时候，劳务派遣公司需要对新员工填写的相关信息进行必要的核实。核实的目的是为了确保新员工向企业提供的信息是真实有效的。若出现提供的信息不实的情形，可能会导致签订的劳动合同无效。

（3）关于健康体检

某些行业必须要进行健康体检，比如食品餐饮行业，就要求对员工进行健康体检，并有健康证，持证上岗。对于一般性的岗位，劳务派遣公司要求员工做入职体检，是为了规避后期的风险。因为当新员工入职之后，若发现其患有疾病或职业病，在医疗期内，企业不能随意解除劳动合同，除非该员工有严重违反公司的规章制度等情况。

（4）关于离职手续

《劳动法》第九十九条规定："用人单位招用尚未解除劳动合同的劳动者，对原用人单位造成经济损失的，该用人单位应当依法承担连带赔偿责任。"

对此，劳务派遣公司在招聘新员工的时候，需要核实新员工是否办理好与上一工作单位的离职手续，最有效的方式是要求新员工提供上一家公司的离职证明。

## 6.2.2 劳动纠纷风险

在劳务派遣公司经营管理过程中,若因某些工作处理不当,可能会产生劳动纠纷。表 6-5 列举了其中的几种情况。

表 6-5 劳动纠纷风险说明

| 涉及的内容 | 风险说明 |
| --- | --- |
| 内部规章制度 | 因规章制度不合理导致劳动纠纷或劳动争议 |
| 劳动合同变更 | 劳动合同是劳动者与用人单位确立劳动关系、明确双方权利义务的协议。劳动合同变更过程中需对劳动合同变更的手续等内容进行控制,以避免引发纠纷 |
| 辞退员工 | 因辞退员工而引发的劳动纠纷很普遍。劳务派遣公司需对辞退程序、有关辞退的补偿金等进行规范的管理,以避免产生纠纷 |
| 福利待遇 | 即劳务派遣公司与被派遣员工因为福利待遇问题而发生的纠纷。对此,需在遵循劳务派遣有关法律法规的前提下,通过合同、协议等形式清晰地对被派遣员工的福利待遇进行说明 |
| 劳动保护 | 如果不能给被派遣员工提供必要的劳动保护措施,不仅不能实现和谐的劳动关系,可能反而成为爆发劳动纠纷的导火索 |

## 6.2.3 工作环节迟滞风险

在劳务派遣业务中,因为劳务派遣机构通常面向几家用工单位同时提供派遣服务,所以可能会出现人员补充不及时、社会保险增减手续办理延迟、被派遣员工管理不到位等情况。这些工作环节的迟滞,无疑会影响劳务派遣公司与用工单位的业务合作关系,进而对劳务派遣公司的发展带来不利的影响。

## 6.2.4 商业信息泄露风险

劳务派遣公司的商业信息包括但不限于如下两个方面。
① 公司的经营信息,包括经营策略、客户信息、员工档案信息等。
② 公司的技术信息,包括技术资料、信息、设计方案等知识产权。
劳务派遣公司若发生信息泄露事件,不仅会给公司带来有形的损失,还会让用

工单位对本劳务派遣公司的信任感降低，进而影响公司的形象。因此劳务派遣公司必须加强其商业信息的管理，以防止泄密事件的发生。

## 6.3 派遣风险防范

### 6.3.1 健全内部管理

从健全劳务派遣公司内部管理机制入手，着力提升员工综合素质将风险防范各项措施落到实处，严防风险事件发生，确保各项业务依法合规经营。

表6-6从4个方面对劳务派遣公司内部的管理进行了规范化的设计。

表6-6 实施建议

| 切入点 | 内容说明 |
| --- | --- |
| 服务规范 | 对劳务派遣业务的服务内容以制度、流程的形式进行规范 |
| 业务管理 | 对劳务派遣业务处理以制度、流程的形式进行规范 |
| 安全管理 | 对劳务派遣公司的商业信息、办公设备等方面以制度、流程的形式进行规范 |
| 行政人事管理 | 对员工的行为规范、劳务派遣公司的文件资料、办公纪律、考核与激励等方面以制度、流程的形式进行规范 |

### 6.3.2 规避违规派遣

（1）需规避的行为

关于使用劳务派遣人员，劳务派遣公司及用工单位需规避如下行为。
① 在临时性、辅助性或者替代性的岗外使用劳务派遣的用工方式。
② 用工单位将被派遣劳动者再派遣到其他用工单位。
③ 违反"同工同酬"的劳务派遣。

④ 超过用工比例的劳务派遣。

⑤ "虚假派遣"及不依法签订劳动合同的劳务派遣等。

（2）法律责任

《劳务派遣暂行规定》第二十条规定："劳务派遣单位、用工单位违反劳动合同法和劳动合同法实施条例有关劳务派遣规定的，按照劳动合同法第九十二条规定执行。"

《劳动合同法》第九十二条有这样的规定："劳务派遣单位、用工单位违反本法有关劳务派遣规定的，由劳动行政部门责令限期改正；逾期不改正的，以每人五千元以上一万元以下的标准处以罚款，对劳务派遣单位，吊销其劳务派遣业务经营许可证。用工单位给被派遣劳动者造成损害的，劳务派遣单位与用工单位承担连带赔偿责任。"

### 6.3.3 规范解除合同

在实践中，劳动合同的解除是最容易引发劳动争议的环节之一。

劳动合同的解除分为协商解除、法定解除和约定解除三种。关于解除与被派遣员工的劳动合同，《劳动合同法》等法律法规也作出了明确的规定。

劳动合同双方当事人在解除劳动合同时，应当依法遵循一定的步骤和要求，并办理有关手续。否则，将承担相应的责任。

劳务派遣公司与被派遣员工双方在解除劳动合同过程中，要涉及一些具体的文书和表单，劳务派遣公司应根据需要及时编制并签订相应文书，以防今后产生劳动纠纷时，企业或员工均没有客观的资料证明。

## 6.4 风险内部控制

### 6.4.1 劳务派遣风险内部管控流程

劳务派遣风险内部管控流程如图 6-3 所示。

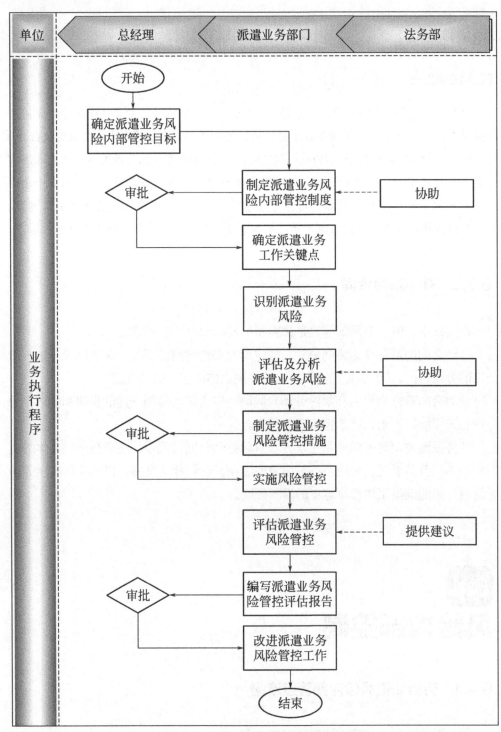

图 6-3　劳务派遣风险内部管控流程

## 6.4.2 劳务派遣风险内部控制规范

劳务派遣风险内部控制规范如表 6-7 所示。

表 6-7 劳务派遣风险内部控制规范

| 制度名称 | 劳务派遣风险内部控制规范 | 版次 | |
| --- | --- | --- | --- |
| | | 编制日期 | |

| 第1条 目的 |
| --- |
| 为加强本劳务派遣公司风险管理工作，规范内部控制体系的运行，提高风险防范与控制水平，促进公司持续健康稳定发展，特制定本制度。 |
| 第2条 风险识别与评估 |
| 劳务派遣业务面临操作风险、市场风险、合规风险等多种风险。公司运营过程中，相关部门应当在职责范围内对各种风险进行必要的识别、评估及分析，履行相关的风险控制职责。 |
| 第3条 风险控制 |
| 1. 公司对劳务派遣业务的合法性、合规性进行全面和重点分析和检查，确保派遣业务的合规性。 |
| 2. 公司通过以下手段对业务运营中的风险进行事前和事中控制。 |
| （1）依据劳务派遣有关规定，制定相关的管理制度和业务流程。 |
| （2）制订、审阅派遣业务的相关合同、协议，确保合同、协议的规范性和合法性。 |
| （3）监督派遣业务管理制度和业务流程的执行情况，确保公司内部控制制度有效的执行。 |
| 3. 财务环节的风险控制。 |
| 公司建立独立的财务核算体系，制定规范的财务会计核算制度，配备专职的财务人员。公司按照有关规定及要求使用、管理资金。 |
| 第4条 编制风险控制报告 |
| 公司业务部、客户服务部、财务部需定期对公司业务运作方面存在的问题进行风险评估与评价。 |
| 第5条 附则 |
| 本制度经公司总经理审核通过后实施。 |

# 第7章

# 劳务派遣公司行政人事规范化管理

## 7.1 员工纪律管理

### 7.1.1 事项一：考勤休假

（1）考勤管理

对待考勤问题，在实施管理过程中，劳务派遣公司行政人事部要把握好几点。

① 考勤制度明确、合理。制定明确、公正、合理的考勤规章制度，约束全员共同遵守。在处理考勤的时候，有理可依，有据可查，避免出现相互扯皮、推诿的情形。

② 考虑岗位实际。考勤规定在设定工作时间制度时，要根据员工所在岗位的不同，选择不同的工时制。

员工请假，由请假者本人填写请假报告单，按规定权限审批。遇有特殊情况，在可能的情况下以最快的通信方式向有关人员请假，事后补办请假手续。员工在假期间，因特殊原因需续假的，应事先按规定办理审批手续；在外人员，应当先向有关人员报告，征得同意后方可续假，事后补办续假手续。

（2）休假管理

休假根据时间的长短和性质的不同，可以分为法定年节假日、年休假等类别，表7-1列举了其中的5种进行了简要的说明。

表7-1 员工休假说明（部分）

| 假期类别 | 假期时长 | 注意要点 |
| --- | --- | --- |
| 法定年节假日 | 共计11天 | 由企业如数支付工资 |
| 病假 | 根据劳动者本人实际参加工作年限和在本单位工作年限，给予3个月到24个月的医疗期 | 1. 病假工资，不低于当地最低工资的80%<br>2. 员工应提供医院出具的证明，履行请假手续 |

续表

| 假期类别 | 假期时长 | 注意要点 |
| --- | --- | --- |
| 年休假 | 职工累计工作已满1年不满10年的，年休假5天；已满10年不满20年的，年休假10天；已满20年的，年休假15天 | 根据企业的生产、工作情况来统筹安排，可集中安排，也可以分段安排 |
| 婚假 | 法定结婚年龄（女20周岁，男22周岁）结婚者，可享受3天婚假 | 由企业如数支付工资 |
| 产假 | 女职工生育享受不少于90天的产假 | 女性在休产假期间，用人单位不得降低其工资、辞退或者以其他形式解除劳动合同 |

## 7.1.2 事项二：加班出差

（1）加班

加班，是指除法定或者国家规定的工作时间以外，正常工作日延长工作时间或者双休日以及国家法定假期期间延长工作时间。

《劳动法》第四十一条规定："用人单位由于生产经营需要，经与工会和劳动者协商后可以延长工作时间，一般每日不得超过一小时；因特殊原因需要延长工作时间的，在保障劳动者身体健康的条件下延长工作时间每日不得超过三小时，但是每月不得超过三十六小时。"

关于加班报酬，《劳动法》第四十四条规定："有下列情形之一的，用人单位应当按照下列标准支付高于劳动者正常工作时间工资的工资报酬：

（一）安排劳动者延长工作时间的，支付不低于工资的百分之一百五十的工资报酬；

（二）休息日安排劳动者工作又不能安排补休的，支付不低于工资的百分之二百的工资报酬；

（三）法定休假日安排劳动者工作的，支付不低于工资的百分之三百的工资报酬。"

有效的加班必须有获得公司领导批准的加班申请单，并且有对应的考勤记录。

（2）出差

① 出差管理关键点。对出差工作进行管理时，应从出差前、出差期间、出差

归来三个阶段,抓住管理工作中的关键点进行管理,具体如表 7-2 所示。

**表 7-2　出差管理流程关键点说明**

| 阶段 | 关键节点 | 说明 |
|---|---|---|
| 出差前 | 审核出差申请 | 行政人员需对申请表进行审核,具体的审核内容:<br>1. 申请表内容是否填写完整、规范(包括出差时间、地点、目的、目标等)<br>2. 相关领导是否已填写审批意见<br>3. 差旅费用申请额是否在标准范围内 |
| 出差前 | 出差票务管理 | 行政部统一负责员工出差相关票务的管理工作,即行政人员需统计出差人员的订票需求,并结合企业的相关规定,安排员工出差票务购买、分发等相关事宜。出差票务管理具体要求:<br>1. 出差人员需出差前提交购票申请至行政部,行政部需明确出差人员的出发时间、出发地点及出行工具<br>2. 行政部需根据员工职级、出差目的地等信息,结合企业相关制度,对员工出差购票申请中的出行工具等信息进行审核<br>3. 购票申请审核通过后,行政部需收取出差员工的身份证原件或收集员工身份信息,根据购票申请内容进行票务预订,且在预订成功后通知出差员工进行核对,并在核对无误后,安排出差员工签收所购车票、船票或飞机票<br>4. 如遇特殊情况需员工个人订票的,员工个人需先垫付票务费用,并需在出差回公司后携车票、船票或飞机票原件同其他差旅费用一同进行差旅费用报销 |
| 出差期间 | 出差考勤 | 行政人员在进行出差员工考勤时,需按照如下程序进行:<br>1. 行政人员需根据企业的实际情况及员工出差的实际情况,选择合适的考勤方式<br>2. 相关人员需做好出差员工考勤,并做好考勤相关记录<br>3. 行政人员需整理分析员工考勤记录,并以考勤记录为依据,结合企业相关制度,进行差旅费用的报销<br>4. 行政人员需将员工考勤记录交人力资源部作为员工薪资发放的依据 |
| 出差期间 | 对出差人员提供支援 | 员工在出差期间,如遇到相关问题而需支持的,行政人员需及时提供必要的支持,具体内容如下:<br>1. 如因客观原因导致出差人员乘坐相关交通工具的票务出现问题,行政人员需及时进行协调处理<br>2. 如出差人员在出差期间需要相关档案资料或是需要传达相关资料的,行政人员需及时安排相关资料的传送、接收或转达<br>3. 如出差人员在出差期间住宿出现问题,行政人员需进行协调处理<br>4. 如出差人员在出差期间出现各类相关事故,行政人员需及时组织有效处理 |

续表

| 阶段 | 关键节点 | 说明 |
|---|---|---|
| 出差归来 | 票据报销 | 行政人员审核报销票据后需进行员工出差差旅费用核算，具体核算程序如下：<br>1. 整理分析差旅费用报销单据<br>2. 根据企业相关制度规定，确定可进行报销的费用项目<br>3. 根据费用报销标准，核算各项费用报销额<br>4. 核算各项费用报账额总和，确定差旅报销费用 |
| | 出差成果检验 | 行政人员需对员工的出差成果进行检验，具体的检验内容如下：<br>1. 出差人员是否按公司要求完成出差报告的编写<br>2. 出差期间各种费用支付是否控制在预算范围内 |

② 合理控制出差费用支出。行政人员根据企业实际情况，对出差人员的交通费、住宿费、餐饮费、通信费、出差补贴以及其他费用等进行报销。报销的标准需根据企业的预算情况、员工职级、出差实际情况等划分标准。具体要求如表7-3所示。

表7-3 出差费用标准制定依据

| 依据 | 具体说明 |
|---|---|
| 企业预算情况 | 行政人员根据企业的整体预算情况，制定差旅费用的总体标准 |
| 员工职级 | 行政人员需根据差旅费用的总体标准及员工的职级，制定各级员工差旅费用的基本标准 |
| 出差实际情况 | 行政人员需根据员工出差的距离、目的地的消费水平等因素，对各级员工的差旅费用中的交通费、住宿费、出差补贴等进行适当的调整 |

（3）差旅费控制关键点

差旅费是企业员工因公出差期间所产生的交通费用、住宿费用和杂运费等各项费用。差旅费控制关键点示意图如图7-1所示。

### 7.1.3 事项三：保密管理

随着大数据时代的到来，数据已经成为一种财富。如何做好劳务派遣公司各类

图 7-1　差旅费控制关键点示意图

数据的保密工作是一项很重要的工作。

(1) 确定保密范围

劳务派遣公司行政人事部在进行定密前,应划定保密的范围,明确什么内容需要保密。关于这一内容,下面提供了几点建议。

① 可能对公司商业交易产生重大影响,且不具备公开披露条件的信息,如与交易对象的关系情况、企业价格底线、资本运作情况、商务渠道、针对竞争对手的措施等。

② 涉及公司经营管理、运作和决策,或对公司利益有重大影响的信息,且这些信息一旦泄露将对企业造成损失或失去潜在收益,如公司的战略规划、竞争策略、核心技术信息、企业财务信息等。

③ 涉及公司员工隐私及其他利益相关者信息的资料,如客户信息、员工基本信息、合作伙伴的信息等。

(2) 加强信息保密管理

在市场竞争日益激烈的时代,信息对企业的生存和发展具有至关重要的作用,因此,行政部必须做好企业信息保密管理工作。

企业信息泄露的手段通常包括:与企业内部相关工作人员沟通,通过移动存储介质（如U盘、移动硬盘、手机等）盗窃企业信息、通过窃听器窃听企业信息等。

在实践工作中，劳务派遣公司可采取一些办法，防止公司泄密情况发生，如表7-4所示。

表7-4 企业防止信息泄密的办法

| 信息处理阶段 | | 防止泄密的办法 |
|---|---|---|
| 信息形成阶段 | | 1．起草秘密文件、资料的过程稿、送审稿、讨论稿、修改稿、征求意见稿，都要严格按照秘密文件、资料保密管理规定妥善保管，不能随意丢弃<br>2．秘密文件、资料制作应注明发放范围、制作数量和编排顺序号<br>3．秘密文件、资料一旦定稿，应当严格履行定密程序<br>4．文件、资料等在印制过程中的废页、废料、残页、残料、校对稿、胶片、胶版等，需要保存的，应当按照秘密载体保密管理规定妥善保管；不需要保存的，应当按规定销毁，不能随意处置，不得作为废品出售给废旧物资回收单位和个人 |
| 信息储存阶段 | 计算机使用 | 1．做好涉密计算机的管理，做到涉密文件必须在涉密计算机上操作，非涉密人员不得操作涉密计算机<br>2．做好涉密计算机操作登记工作，凡是操作人员一律按照规定进行登记 |
| | 移动介质使用 | 1．做好可移动存储介质的保密管理，实行专人管理<br>2．使用光盘、半导体等介质拷贝、刻录企业秘密信息，应当在本单位或定点单位进行，并在适当位置标明密级，不能交给其他社会单位或无关人员刻录、制作 |
| | 制度建设 | 制定、修改、完善保密工作制度，行政部定期或不定期对各部门及基层的保密工作进行检查，及时发现保密工作的薄弱环节和隐患，要求相关责任部门进行整改，防患于未然 |
| | 宣传教育 | 采取多种形式进行广泛宣传保密知识，让每一位工作人员明确知道哪些是属于保密范围、保密的重要性以及泄密行为的危害，如何堵住泄密的渠道等 |

### 7.1.4 制度：劳务派遣员工管理制度

劳务派遣员工管理制度如表7-5所示。

### 表 7-5　劳务派遣员工管理制度

| 制度名称 | 劳务派遣员工管理制度 | 版　次 | |
|---|---|---|---|
| | | 编制日期 | |

第 1 章　总则

第 1 条　目的。
为加强公司内部管理，维护公司的经营秩序，保障公司及劳务派遣员工的合法权益，根据劳务派遣相关规定，特制定本办法。
第 2 条　适用范围。
适用于本公司全体员工的管理。

第 2 章　入职管理

第 3 条　招聘条件：合格的应聘者应具备应聘岗位所要求的条件。
第 4 条　应聘者应如实向公司提交其所需的应聘资料。
第 5 条　公司依照国家相关法律法规与员工签订劳动合同。劳动合同期限不低于两年，试用期依照《劳动合同法》执行。

第 3 章　劳务派遣管理

第 6 条　劳务派遣员工需服从公司做出的合理的工作安排。
第 7 条　劳务派遣员工在用工单位工作期间的工资、保险等福利报酬由公司统一结算、发放。
第 8 条　劳务派遣员工需配合公司行政人事部或督导人员进行定期或不定期的绩效考核工作和管理。
第 9 条　劳务派遣员工在用工单位工作期间的工作管理、休息休假、考勤管理等由用工单位负责，公司行政人事部或督导人员对其信息进行整理。
第 10 条　劳务派遣员工被用工单位退回的，根据工作需要和劳务派遣员工自身状况，安排到其他用工单位工作或参加本公司组织的培训后重新安排工作。

第 4 章　工作纪律

第 11 条　劳务派遣员工上岗前应学习、了解本劳务派遣公司及用工单位的各项规章制度。
第 12 条　派遣期间，劳务派遣员工应遵守本劳务派遣公司及用工单位的规章制度，按时到岗完成相关的工作任务。
第 13 条　派遣期间，劳务派遣公司可根据劳务派遣员工的技能，与用工单位协商一致后，为其调整工作岗位。
第 14 条　劳务派遣员工因工受伤，向劳务派遣公司申报工伤。

第 5 章　员工奖惩

第 15 条　有下列事迹者，给予表扬并给予相应的奖励。
（1）工作表现优秀、工作成绩突出者。
（2）发现事故隐患，及时采取措施防止重大事故发生者。
（3）关心公司发展提出合理化建议经采纳实施有显著成效者。
（4）善于钻研并有技术突破者。
第 16 条　公司员工有以下情形之一者，公司给予惩罚。
1. 工作时间擅自离岗、上网玩游戏、聊天，影响工作者。

续表

| 制度名称 | 劳务派遣员工管理制度 | 版　次 | |
| --- | --- | --- | --- |
| | | 编制日期 | |

2. 不接受用工单位安排的工作或指挥，消极怠工经教育无效或对上级有威胁行为者。
3. 不采取主动措施或措施不当，影响工作进度，使公司蒙受重大损失者。
4. 违背体系运作要求，虽多次纠正，但无有效预防措施或预防不当者。

第 6 章　保密管理

第 17 条　劳务派遣员工在工作期间应当严格保守通过直接或间接方式获得的有关公司或用工单位的一切保密事项。

第 18 条　如因其违反保密义务给公司或用工单位利益造成重大损失的需承担责任。

第 7 章　附则

第 19 条　本制度由公司行政人事部制定并负责解释。

第 20 条　本制度经公司总经理审批后实施。

## 7.2 行政办公管理

### 7.2.1　事项一：办公事务管理

（1）来访接待

了解和掌握来宾来访的目的和意图，是劳务派遣公司行政人员确定接待规格的前提。行政人员需通过前期的沟通，了解来宾的来访目的，进而制订接待计划。

（2）印章证照管理

印章证照管理的具体事务如下所示。

① 按照相关规定准备印章刻制手续，审定印章刻制权限以及印章刻制实施办法。

② 严格遵照印章证照使用管理规定，做好劳务派遣公司的印章证照使用登记、保管及年检工作。

③ 按照相关规定对劳务派遣公司废止或过期的印章证照实施销毁处理。

（3）档案管理

档案管理主要包括档案的收集、整理、鉴定、保管和使用等工作事务。具体事务如下所示。

① 掌握劳务派遣公司档案收集的范围、渠道、方式及途径，全面、准确地收集公司内部各类档案。

② 明确并遵照公司档案整理的程序，将公司档案按照一定的标准分类、组合和编目整理，实现档案文件管理的系统化。

③ 科学鉴定每份档案的保存价值，根据保存价值标准确定各类档案的保管期限，并编制档案鉴定报告。

④ 利用科学的方法确定档案检索工具，实现方便、快捷地查阅档案资料，并通过各种途径实现档案资料的充分利用。

（4）提案管理

劳务派遣公司行政人员对提案实施监督、激励和考核。提案管理的具体事务如下所示。

① 根据搜集到的企业内外部信息，制定提案长短期目标方案。

② 根据企业实际情况，制定科学的提案评估指标，并站在企业全局的角度评估优选最佳方案。

③ 根据各部门职能及实际分工，合理分解确定后的方案目标。

④ 发起提案活动并规范提案过程管理，将提案管理工作制度化、流程化、标准化。

⑤ 根据提案内容，对提案进行科学分类管理。

⑥ 通过明确提案标准，对各类提案的价值进行价值评估。

⑦ 对提案实施成果进行评估，明确提案有形成果和无形成果的评价方法。

⑧ 编制提案实施成果报告书，采取措施不断巩固提案成果。

⑨ 制定科学、合理的提案实施成果奖励标准，采用科学的手段对员工的各类提案实施成果及时奖励，以促进员工提案参与的积极性及有效性。

## 7.2.2 事项二：行政后勤管理

劳务派遣公司行政人事部工作人员需通过科学的方法和手段，做好行政后勤各项工作，其具体内容见表 7-6 所示。

表 7-6 行政后勤管理的内容

| 事项 | 工作内容 |
| --- | --- |
| 财产物资管理 | 固定资产管理 |
|  | 办公用品管理 |
| 出差管理 | 出差申请与处理 |
|  | 安排票务与住宿 |
| 车辆管理 | 公司车辆登记与用车管理 |
|  | 公司车辆维修与事故处理 |
| 环境管理 | 卫生管理 |
|  | 绿化管理 |
| 食宿管理 | 员工食堂管理 |
|  | 员工宿舍管理 |

## 7.2.3 流程：接待管理流程

接待管理流程如图 7-2 所示。

## 7.2.4 制度：劳务派遣公司办公事务管理规定

劳务派遣公司办公事务管理规定如表 7-7 所示。

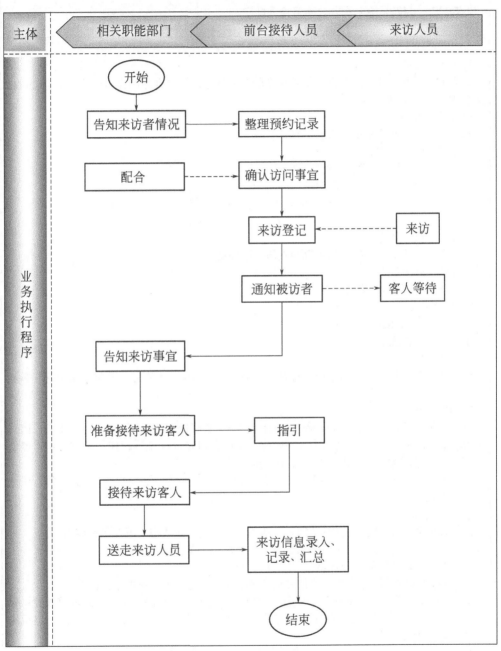

图 7-2 接待管理流程

表7-7 劳务派遣公司办公事务管理规定

| 制度名称 | 劳务派遣公司办公事务管理规定 | 版 次 | |
|---|---|---|---|
| | | 编制日期 | |

第1章 总则

第1条 目的。

为规范公司办公区域的管理，维护正常的办公秩序，树立良好的公司形象，结合公司相关管理规定，特制定本办法。

第2条 适用范围。

本办法适用于办公室所有人员的日常管理。

第3条 职责范围。

1. 行政部是员工日常管理的归口管理部门。
2. 公司各部门按照公司规定执行并检查员工行为规范。
3. 员工应自觉并严格遵守公司的相关规定，进行自检与员工之间的互检。

第2章 员工礼仪规范

第4条 仪容规范。

随时保持身体干净卫生，做到勤换衣服、勤洗澡。

第5条 办公仪表。

1. 服饰合身得体，整洁大方。
2. 保持须发整洁，不留怪异发型。
3. 上班期间应保持积极的状态。

第6条 语言规范。

1. 交往语言

在处理对外事务中，必须使用"您好、欢迎、请、谢谢、对不起、再见、请走好"等礼貌用语。

2. 电话语言

（1）接听电话应及时，一般铃响不应超过三声。通话时首先使用"您好、请问"，语气温和，音量适中，不得在电话中高声喧哗、争吵，以免影响工作秩序。语言表达尽量简洁明白，切忌啰嗦，要口齿清晰，吐字干脆。

（2）通话结束时应使用礼貌用语："谢谢、麻烦您了、那就拜托您了、再见"等，语气诚恳、态度和蔼。

3. 接待语言

接待公司来访客人时应使用："您好，请稍等；请坐，我通报一下"等礼貌用语。

第3章 办公环境规范

第7条 上班期间的办公环境。

1. 办公区域内应保持安静，严禁聚众高声喧哗；保持办公区域的整洁。
2. 正常情况下，保持每办公桌放置一台电脑；电脑显示器保持统一朝向过道放置；保持电脑主机统一放置于显示器下方，且垂直向外；保持显示器屏幕与后部干净，避免出现明显的灰尘堆积或污渍。
3. 保持办公区域所有办公桌在统一直线上，且保持个人办公桌整洁无尘；上班时间，除必备文具、设备和急需处理的文件资料、水杯外，办公桌柜面上不应再摆放其他物品（少量绿色植物除外）。

续表

| 制度名称 | 劳务派遣公司办公事务管理规定 | 版 次 | |
|---|---|---|---|
| | | 编制日期 | |

4. 保持办公椅的扶手、后背、椅腿干净，经常擦拭灰尘。
5. 正常上班时间不得在办公室做与自己工作无关的事。
6. 未经部门主管同意，不得索取、打印、复印其他部门资料，不得使用其他部门的电脑，不得翻阅不属于自己的文件、账簿、表册或函件等。
7. 积极学习，刻苦钻研，努力提高业务水平，提高职业技能水平，积极参与培训和考核。

第 8 条 下班期间的办公环境。
1. 正确关闭电脑后须将电脑显示器移正摆放。
2. 桌面上不得留任何文件、纸片，全部资料文件应收入抽屉内。
3. 个人办公椅子须推入办公桌下整齐摆放。
4. 个人办公柜锁好，并拔出钥匙妥善保管。

### 第 4 章 考勤管理

第 9 条 公司上下班实行刷卡制度。公司员工除副总经理以上级别外，要求全体员工严格遵守本制度，严禁代刷卡。对于代刷卡员工，一经发现，一次扣发当事人（代刷卡人和委托人）人民币____元。

第 10 条 若公司考勤系统内没有员工刷卡记录且没有任何形式的请假记录时，按旷工处理；如有特殊情况，如忘带考勤卡时，应于上班前到前台处登记，说明理由。此类情况，原则上每月不得超过 3 次。

第 11 条 如员工在工作时间如需临时离岗，需向部门经理请假，时间不得超过 1 小时。否则，按擅自离岗处理。
1. 擅自离岗者书面警告 1 次，并按旷工处理，即扣除当日工资。
2. 擅自离岗月累计超过____次者，立即予以辞退。

第 12 条 凡属下列情况之一的，视为旷工。
1. 未经请假或请假未准而缺勤的，扣除本人所旷工时的工资。
2. 工作时间内擅离工作岗位或处理私人事务的，扣除本人所旷工时的工资。
3. 超过批准的假期又未及时报上级续假，以及未提供有关证明的缺勤，扣除本人所旷工时的工资。

第 13 条 培训学员的考勤规定。
1. 参加公司内部培训、学习的员工，填写《培训签到表》，由培训主办方向人力资源部提供考勤情况。
2. 外出参加培训的学员，根据被批准的实际在外天数，由所在部门统计后报行政部记录。

### 第 5 章 人员出入管理

第 14 条 本公司员工出入。
1. 本公司员工出入，凭胸卡出入。
2. 员工上班时间因公外出办事，须凭部门负责人签章的"员工外出登记表"在门卫处登记，写明事由，员工返回后核签返回时间。

续表

| 制度名称 | 劳务派遣公司办公事务管理规定 | 版　次 | |
|---|---|---|---|
| | | 编制日期 | |

3. 员工上班时间请假出公司，工作日内不能返回的，应按规定办理请假手续并于刷卡后方可离开公司。
第 15 条　员工胸卡管理。
1. 公司员工胸卡由行政部负责监制。
2. 出入公司应佩挂胸卡，对未按规定佩挂胸卡者门卫有权纠正。
3. 遗失胸卡应即时向行政部申请补发，并交工本费 ＿＿ 元。找到后不立即缴回者，一经发现，记警告一次。
4. 使用他人胸卡蒙混出入公司者，一经发现，记警告一次。
5. 公司员工因胸卡遗失等原因申请补发者，在未拿到正式胸卡前，应申请领取出入证。
6. 胸卡补领后须将出入证归还行政部。将出入证借给他人使用或借故不予归还者，行政部将通知使用人所属部门负责人限其两天内归还并记警告一次。如遗失，交工本费 ＿＿＿ 元。

第 6 章　附则
第 16 条　本办法由公司行政人事部制定，其解释、修改权亦归行政人事部所有。

## 7.3 人力资源管理

### 7.3.1 事项一：员工招聘管理

（1）招聘需求分析

招聘需求分析是指企业在招聘员工时所需要的人才类型的综合分析，它是一项系统而专业的工作。

大体说来，企业的招聘需求主要来源于如下两个方面，具体内容如下。

① 因公司发展而新增的岗位。随着企业的发展壮大，企业对人才的需求是多方面的，因而需要通过招聘来满足企业发展的需求。

② 因人员离职而产生的岗位补充。员工的离职会带来招聘需求，离职补充是招聘需求的一个主要来源。

## （2）确定人员数量需求

确认需招聘人员数量是实施招聘的第一步。当各职能部门因工作需要向行政人事部提出人员需求申请（见表 7-8）时，行政人事部是不是就立马着手实施招聘呢？

表 7-8 招聘需求申报表

| 招聘岗位 | | 招聘人数 | | 拟到岗日期 | |
|---|---|---|---|---|---|
| 招聘原因 | □扩大编制 | □储备人员 | □辞职补充 | □临时需要 | □其他原因 |
| 岗位职责简述 ||||||
|  ||||||
| 岗位任职资格要求 ||||||
|  ||||||
| 其他招聘要求（是否需要猎头招聘等）||||||
|  ||||||
| 部门负责人签字 |||||||
| 人力资源部意见 |||||||
| 总经理意见 |||||||

回答是：不一定。接到职能部门的用人需求申请时，人力资源部需对人员需求进行分析，具体内容见图 7-3。

为了便于理解，我们举个例子来说明。比如：某劳务派遣公司要招一位招聘助理，其主要负责简历筛选、安排面试、整理面试记录等。部门内其他人也都很忙，那就看，这个工作可否交给前台来做呢？如果不行，可否找一个实习生来帮忙呢？如果这只是因为刚发布招聘信息或到学校招聘，简历骤增的情况，那就部门内部分分工，化整为零。

经过上述一番分析，人力资源部将各部门的招聘需求进行汇总，形成《企业招聘需求汇总表》（见表 7-9），并以此为依据，着手计划下一步的招聘工作。

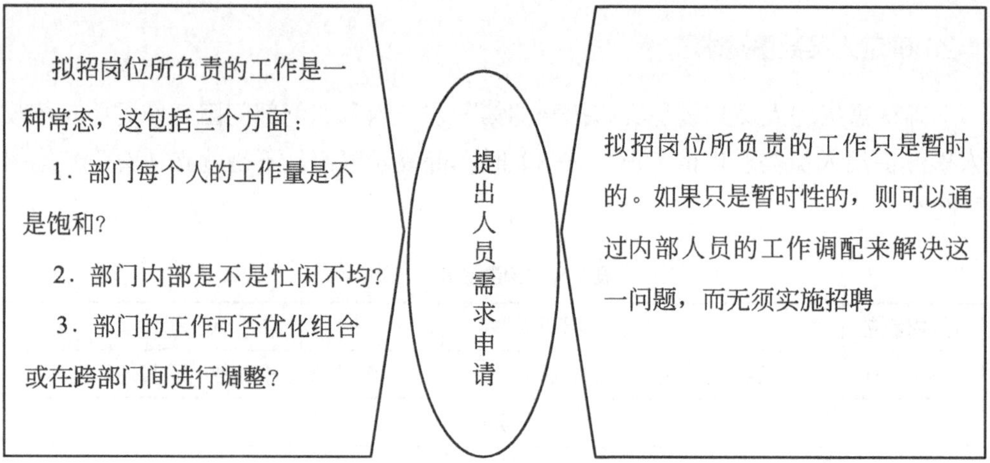

拟招岗位所负责的工作是一种常态，这包括三个方面：

1. 部门每个人的工作量是不是饱和？

2. 部门内部是不是忙闲不均？

3. 部门的工作可否优化组合或在跨部门间进行调整？

提出人员需求申请

拟招岗位所负责的工作只是暂时的。如果只是暂时性的，则可以通过内部人员的工作调配来解决这一问题，而无须实施招聘

图 7-3　招聘需求分析

表 7-9　企业招聘需求汇总表

| 部门 | 招聘岗位 | 招聘人数 | 性别 | 到岗时间 |
| --- | --- | --- | --- | --- |
|  |  |  |  |  |
|  |  |  |  |  |
|  |  |  |  |  |
|  |  |  |  |  |
|  |  |  |  |  |
|  |  |  |  |  |
|  |  |  |  |  |

（3）选择招聘渠道

招聘渠道的选择决定了应聘人员的来源、数量、质量等，招聘工作的效果很大程度上取决于招聘渠道的选择。

对企业而言，影响招聘渠道选择的因素主要有如下 2 个方面。

① 企业因素。包括企业业务性质、企业规模、产品／服务的特点等。

② 招聘因素。包括招聘职位的类型、到岗时间要求、招聘费用预算等。

根据其工作特点，劳务派遣公司在招聘渠道的选择上，可选择校企合作招聘、现场招聘或通过劳动机构、内部介绍、微信媒体招聘等多种渠道招聘员工。

（4）面试与录用

在运用笔试、面试等多种测试方法对应聘者进行选拔评估后，劳务派遣公司招聘人员根据应聘者在甄选过程中的表现，对获得的信息进行综合评价和分析后，判断每位应聘者所具备的素质和能力，然后根据预先确定的人员录用标准确定录用人选。在面试评估过程中，招聘人员会根据不同的面试方法选择相应的面试评估表对应聘人员的表现进行评估并记录，面试评估表作为录用决策的参考依据。

### 7.3.2 事项二：员工培训管理

为了适应科学技术的不断发展和企业经营环境的持续变化，企业需要不断地对员工进行岗位知识和技能的培训，通过培训来缩小员工综合能力与岗位要求之间的差距。

（1）培训需求产生的原因

对培训需求形成原因的客观分析直接关系到培训的针对性和实效性。培训需求产生的原因大致可以分为3类，具体内容见表7-10。

表7-10 培训需求产生的原因

| 原因 | 内容说明 |
| --- | --- |
| 工作内容改变产生的培训需求 | 市场是不断变化的，不同岗位的工作内容也会相应地发生变化，为了适应这种变化，培训需求随之产生 |
| 工作领域改变产生的培训需求 | 无论员工从事何种工作，只要他们进入一家新的企业，踏入新的工作领域，为了尽快进入工作状态，就需要接受培训 |
| 追求绩效目标产生的培训需求 | 实现既定的或更优异的绩效目标是劳务派遣公司所希望的。但部分员工因为工作能力方面的原因，不能达成绩效目标，由此产生相关的培训需求 |

（2）培训需求分析的层面

培训的成功与否在很大程度上取决于需求分析的准确性和有效性。培训需求分析，从层面上来划分，可以分为三个层面：个人层面、职务层面和组织层面。

① 个人层面。培训是针对具体的员工和具体的岗位所进行的，因此，在公司

整体员工素质结构分析基础之上而进行的对被培训个体的素质分析，是整个培训需求分析的核心，对培训效果起着决定性的作用。对员工个人层面的分析，主要从两个维度进行：一是员工所具备的知识和技能分析；二是员工个人的态度和职业素养。

② 职务层面。职务层面是通过对员工现任职务的任职要求和业绩指标进行评价，由此导出对现任员工所应掌握的知识和所拥有技能的要求，同员工的实际知识和能力进行比较，进而产生培训需求。

③ 组织层面。通过对组织的目标、资源、环境等因素的分析，准确找出组织存在的问题，并确定借助培训解决这些问题的可行性和有效性。

培训如果违背组织目标的发展要求，置组织实际情况于不顾，就会导致虽投入了大量的时间和金钱，而员工仍无法掌握适应组织发展的知识和技能的情况。

（3）培训需求的确认

培训部门对通过各种方法所获得的培训需求信息进行汇总、整合、分类后，形成组织或员工的初步培训需求。初步的培训需求是否切合组织或员工的实际培训需求，需要进行培训需求的确认。

① 面谈确认。面谈确认是针对某一个别培训需求，同培训对象面对面进行交流，听取培训对象对于培训需求的意见和态度，在此基础上对培训需求进行确认。

② 主题会议确认。主题会议确认往往针对某一普遍培训需求而实施，它通过就某一培训需求主题进行会议讨论，了解参会人员的意见和看法，进而完善培训需求，确保培训需求的普遍性和真实性，为培训决策和培训计划制订提供信息支持。

③ 正式文件确认。在对培训需求达成共识后，为了便于以后各部门培训的组织实施，需要用一份正式的组织文件进行确认。具体实施可采用培训需求会签表的形式，培训需求确认会签表样例如表7-11所示。

表7-11 培训需求确认会签表样例

| 培训部门 | 个别培训 | 短期培训 | 长期培训 | 目前培训 | 未来培训 |
| --- | --- | --- | --- | --- | --- |
|  |  |  |  |  |  |
|  |  |  |  |  |  |
|  |  |  |  |  |  |

（4）制订培训计划

培训计划是按照一定的逻辑顺序排列的记录，是在全面、客观的培训需求分析基础上，根据劳务派遣公司各种培训资源的配置情况，对培训时间（When）、培训地点（Where）、培训者（Who）、培训对象（Who）、培训方式（How）和培训内容（What）等一系列工作所做出的统一安排。

（5）培训效果评估

① 学习认知程度。学习认知程度评估，是指对受训员工就事件、观念、概念、理论等知识的认知和理解的程度进行衡量和评价。

学习认知程度评估是普遍用来评估员工学习的方法，一般是在培训之前和培训项目结束以后进行的，然后再比较培训前后的评估分数，据此做出判断。

② 态度是否转变。员工态度是否转变，其效果无法直接衡量，需要观察员工的行为表现和态度体现才能体现出来。下面提供了几点建议。

a. 通过与员工的讨论交流，听取其对学习与工作的看法。

b. 培训结束后，让员工提交培训心得总结。

c. 员工提出对自身工作的改进建议，主管人员评判。

d. 通过其他人员的评价来佐证受训员工在培训后态度的转变情况。

③ 技能与成效分析。技能与成效分析，主要指在培训结束以后对受训员工的技能掌握情况与其运用成果进行分析。

技能类培训评估主要包括对技能操作类培训和管理技术类培训等的评估，其具体内容如表7-12所示。

表 7-12 技能操作类培训和管理技术类培训的评估

| 培训类型 | 评估内容或特点 | 评估方法 |
| --- | --- | --- |
| 技能操作类培训 | 技能操作类培训通常要求以提高员工的实际技能来提高工作效率。培训评估的内容有动手、动脑操作技能评估之分，动手的技能如机床设备操作、打字排版等，动脑的操作如撰写调研报告、学会怎样谈判等 | 通常以现场操作或模拟为主，由员工操作、模拟，讲师指导打分，如销售培训、现场演练如何推销。通过这样的操作模拟，员工对培训内容就有了深刻体验，对自身不足也会更加了解。现场评估完成后，再辅以追踪观察的方式会更佳，经过一段时间后，通过员工的工作业绩和现场技能操作熟练程度的考察来评估其进一步的掌握情况 |

续表

| 培训类型 | 评估内容或特点 | 评估方法 |
|---|---|---|
| 管理技术类培训 | 管理技术类培训评估的特点是培训评估的周期长、见效的周期也长，短时间内很难看出培训效果，如企业战略制定、核心技术掌握等 | 可以采取现场问卷和效果考察的方式进行评估。现场问卷主要是考察人员对基本内容的掌握，而效果考察则是在一段时间后通过知识运用、观察测试等手段来了解受训员工的具体掌握情况 |

同时，技能与成效分析也是培训最终结果的考察和评估，主要是评估培训对个人绩效的影响，衡量培训是否有助公司业绩的提高等。

### 7.3.3 事项三：绩效考核与激励

实践表明，绩效考核体系必须获得激励体系的良好支持才能充分地发挥作用。对此，劳务派遣公司需抓好绩效与激励两方面的工作才能促进团队业绩的提升、公司的发展。

**（1）绩效考核**

将企业的经营目标转化为员工的绩效责任，并通过目标设计与分解、制订绩效计划、目标检查、修正完善、实现目标、绩效考核等环节的管理，促成劳务派遣公司业务目标的达成。

① 目标设计与分解。企业的经营目标不是单一的，其中既有经济目标，又有非经济目标，劳务派遣公司亦是如此。表7-13是一则示例。

表7-13 绩效目标设计示例

| 序号 | 设计维度 | 设计说明 |
|---|---|---|
| 1 | 业务 | 市场份额提升____个百分点 |
| | | 新增派遣服务人数____人/年 |
| 2 | 管理 | 有岗位要求的，其岗位任职者均需持证上岗 |
| | | 各项业务流程清晰、合理 |

② 绩效目标分解。

a. 对应分解法。对应分解法是指劳务派遣公司的总绩效目标直接分解到下级的对应部门上,图7-4以"劳务派遣业务业绩增长率"为例进行说明。

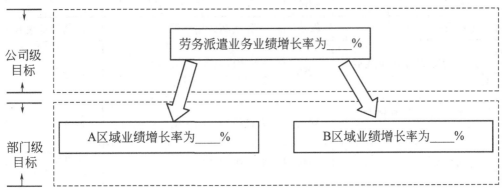

图7-4　对应分解法图解实例

b. 叠加分解法。叠加分解法是指根据各部门的主要业务进行相关业务目标设计,然后各部门所有业务叠加完成之后,即可达成公司总目标的效果。图7-5以"利润率"为例进行说明。

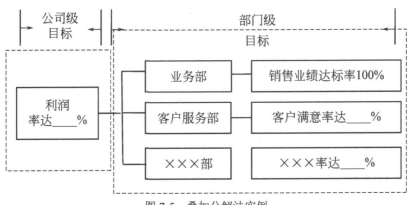

图7-5　叠加分解法实例

③ 绩效计划制订与沟通。在制订绩效计划前,绩效计划制订双方应事先明确计划制订的依据。概括起来,计划的制订依据主要有如下4个方面。

a. 企业发展目标。

b. 部门绩效计划。

c. 岗位关键职责。

d. 当期工作重点。

表7-14是某劳务派遣公司业务员制订的季度绩效计划表。

表 7-14　某劳务派遣公司业务员季度绩效计划表

| 姓名 | | 岗位 | 时间 | |
|---|---|---|---|---|
| 工作目标 | | 权重 | 工作实施计划 | 评估信息来源 |
| 完成既定的劳务派遣业务计划 | | 60% | 1）制订业务开发计划<br>2）合理分配客户拜访的时间 | 业务部 |
| 业务拓展成本控制在____元以内 | | 30% | 合理管控费用支出 | 财务部 |
| 提高与客户沟通的技巧 | | 10% | 制订学习计划 | 业务部<br>行政人事部 |

沟通阶段是整个绩效计划的重要环节，在这个阶段，管理者和被管理者经过充分沟通，将对员工在本次绩效期间的绩效目标和工作标准达成共识。

在绩效计划制订的沟通阶段，双方需对图 7-6 所示的 4 点重点内容进行充分的沟通。

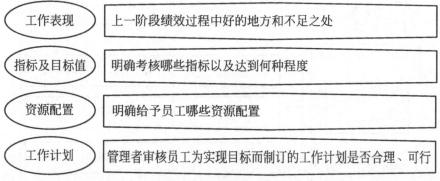

图 7-6　绩效计划沟通的重点内容

一般来说，绩效计划的制订是一个双向沟通的过程，而这个沟通过程有可能是一次完成，也可能是多次完成，才能达成绩效契约。无论是经过几轮的绩效沟通，绩效沟通的过程一般见表 7-15。

表 7-15　绩效沟通的过程

| 过程 | 内容说明 |
|---|---|
| 回顾有关信息 | 在绩效计划沟通开始时，管理者应该说明企业、部门的绩效目标以及完成绩效目标对部门、企业的意义等相关信息；此外，还应向员工说明岗位职责以及上一考核期间的绩效考核结果等相关信息 |

续表

| 过程 | 内容说明 |
|---|---|
| 确定有关信息 | 确定本期的关键业绩考核指标、考核标准以及各指标的权重 |
| 确定各考核指标的绩效目标或者工作标准 | 对于数量化的考核指标，应确定下一考核期的绩效目标；对于其他结果指标以及过程考核指标，应明确该项工作应该达到的标准 |
| 明确能提供的支持 | 确定管理者应该提供的资源支持 |
| 结束沟通 | 在达成一致意见的基础上，结束沟通 |

④ 绩效评估。

a. 确定绩效考核频率。绩效考核频率，即是指多长时间对员工进行一次绩效考核。在设定考核频率时，不能采用"一刀切"的做法。具体内容见表 7-16。

表 7-16　绩效考核频率设定说明

| 建议 | 内容说明 |
|---|---|
| 按职位层级设定考核频率 | 不同的员工层级对应不同的绩效考核频率，通常，高层管理职位的考核周期是半年或一年，中层管理人员的考核周期是一个季度，职能部门员工的考核周期是一个月 |
| 按职系设定考核频率 | 不同职系的考核周期要结合职系特点来设定：如业务职系，要结合销售周期设定。此外，财务、行政人事等职系的人员考核周期一般以月度或季度为周期进行考核 |
| 按成果的达成周期决定考核周期 | 对于规模大、周期长的项目，可以切分出多个"里程碑"，用项目管理的"里程碑"作为考核周期 |

b. 设计绩效考核表。一般说来，一份完整的绩效考核表由 3 个部分构成：考核基本信息、指标及评价信息、考核确认信息。除此以外，还可以视情况添加一些内容。具体内容见表 7-17。

表 7-17　绩效考核表的组成部分

| 栏目 | 内容说明 |
|---|---|
| 考核基本信息 | 对被考核对象、考核实施者等基本信息进行规定 |
| 指标及评价信息 | 评价的内容、要点、考核及评价方法、信息来源等 |
| 考核确认信息 | 这部分内容用于被考核对象、考核实施者、人力资源部门对绩效评价结果的确认 |

续表

| 栏目 | 内容说明 |
|---|---|
| 视情况添加的内容 | 关键事项：这部分内容用于记录被考核对象在考核期内特别优秀的行为或特别差的行为，为绩效评价结论提供支持 |
| | 员工意见以及考核实施者意见：这部分内容用于记录被考核对象、考核实施者对绩效评价结果或绩效表现做出某种说明 |

⑤ 绩效反馈与应用。绩效反馈是指在绩效评估后将结果反馈给评估者的过程，它是劳务派遣公司实施绩效考核不可缺少的重要环节。主要包括考核结果沟通、成绩与优势、缺点与不足、改进计划以及下一周期的考核目标等内容。在整个绩效管理过程中，它发挥着重大的作用，有效的反馈可以使员工真正认识到自己的能力，从而知道如何发展自我，便于下一阶段绩效改进工作的展开。绩效反馈表如表7-18所示。

表7-18 绩效反馈表

| 面谈参与人 | | 信息记录者 | |
|---|---|---|---|
| 时间 | | | |
| 面谈内容 | | 信息记录 | |
| 本次考核结果说明 | | | |
| 上一阶段取得的成绩 | | | |
| 工作中需要改进的地方 | | | |
| 对此次考核的意见 | | | |
| 下一步的工作计划 | | | |

绩效考核结果可以应用于劳务派遣公司薪酬管理、员工培训、岗位调动等方面。

a. 考核结果在薪酬中的应用。为了更好地激励员工，企业在设计员工薪酬结构时，都会将员工的绩效表现与薪酬直接挂钩，作为其薪酬的重要组成部分。根据员工工作岗位、工作性质的不同，其绩效薪酬占员工工资总额的比例也会有所不同。

b. 考核结果在培训中的应用。员工培训是企业人力资源管理中不可或缺的环节之一。为了提升培训的效果，可以通过对员工绩效考核的结果进行分析，找出存在不足的地方，进而设计出有针对性的培训方案，这样能使培训更有成效。

c. 考核结果在岗位调整中的应用。通过对员工全方位的考核，可以了解员工取得的业绩、具备的工作能力、发展潜力等方面的内容，并作为员工工作岗位调整（职位晋升、降职、轮岗等）的重要参考依据之一。

（2）员工激励

劳务派遣公司可根据激励理论设计适合本企业员工的激励模式，并采取适当的激励工具，选择合适的激励方法对员工进行激励，从而提高员工的工作效率。

① 激励的方法。激励员工的方法有很多，物质激励与精神激励作为激励的两种类型，是相辅相成、缺一不可的，只强调物质激励而忽视精神激励或只强调精神激励而忽视物质激励都难以达到激励的效果。

a. 物质激励。所谓物质激励就是从满足人的物质需要出发，对物质利益关系进行调节，从而激发人们向上动机并控制其行为的趋向。物质激励多以加薪、发奖金等形式出现。

物质激励方法以满足员工的切身利益为出发点，因此贴近实际，往往能够起到明显的作用，但物质激励也需要与其他激励方法搭配使用，以保证员工激励的平衡性。

劳务派遣公司在应用物质激励方法时，可参照如下所示的应用步骤进行。具体内容见表 7-19。

表 7-19　物质激励应用说明

| 应用步骤 | 内容说明 |
| --- | --- |
| 构建激励制度体系 | 物质激励方法的应用涉及具体的物质奖惩，必须以完善的制度体系为基础。同时制度还能发挥必不可少的约束作用，使激励目标更加明确，保证激励工作的规范与效率，抑制物质激励导致的负面竞争 |
| 明确激励原则 | 1）公平：物质激励对于所有员工应一视同仁，公平对待，按照统一标准奖罚，不偏不倚<br>2）客观：物质激励应以对员工行为的客观判断为基础，避免激励不当产生的负面效应 |
| 选择激励模式 | 物质激励应根据激励对象与行为性质，选择合适的模式，确保物质的使用能够发挥应有的激励作用 |
| 确定激励形式 | 物质激励有多种形式，包括个人奖励、团队奖励等，个人奖励的激励形式还包括计件制、计效制、佣金制等。企业在使用物质激励方法时，应确定合理的激励形式，激励形式的选择在于追求工作效率和激励效益，并且与员工工作和企业制度相切合 |

续表

| 应用步骤 | 内容说明 |
|---|---|
| 制定激励标准 | 制定激励标准是物质激励方法应用的重点内容。为了顺利完成激励目标,合理使用激励物资,激励标准的设置必须科学合理 |

一般而言,制定完整的激励标准应当包括如图 7-7 所示的 5 项内容。

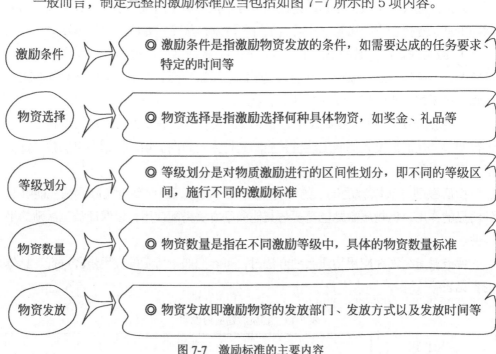

图 7-7 激励标准的主要内容

表 7-20 为××劳务派遣公司关于员工物质激励方法的相关规定的应用实例。

表 7-20 ××劳务派遣公司员工物质激励方法的相关规定

| 方法名称 | 物质激励方法 |
|---|---|
| ××劳务派遣公司员工物质激励方法的相关规定 ||
| 公司为提高员工的积极性与满意度,规范员工的物质激励工作,特制定本规定。本规定自公司总经理签字后生效实施,相关部门应按本规定开展员工激励工作。<br>1. 员工当月考勤无迟到、早退、旷工、请假等情况的,当月发放全勤奖励＿＿＿元。<br>2. 员工每迟到、早退（30 分钟以内）一次,扣款＿＿＿元;迟到、早退 30 分钟以上者,按旷工半天计,扣减当日工资的一半;旷工与事假扣除全天工资;病假只计半日工资;当月迟到或早退次数超过＿＿＿次者,按旷工一天计。<br>3. 每逢法定传统节日,企业依据实际情况,选择发放过节礼品或过节费。 ||

续表

| 方法名称 | 物质激励方法 |
| --- | --- |

4. 正式员工根据在职年限，每月可额外领取工龄补助，在职一年以内者为____元，在职一年以上三年以内者为____元，在职三年以上者为____元。

5. 正式员工根据学位高低，每月可额外领取学位津贴，学士学位者为____元，硕士学位者为____元，博士学位者为____元。

6. 员工工作期间无违纪行为者，每月额外发放奖励____元。员工在职期间出现违纪行为，则扣除该奖励，并视违纪程度给予相应处罚。

7. 公司举办内部活动，凡积极参与者可获得相应的专题礼品。

8. 员工每月按时完成指定工作任务，年终奖金将全额发放。员工出现任务无法完成或任务拖延情况时，根据实际程度，扣减部分年终奖金。

9. 年末公司会发放年终礼品，并根据实际情况组织相关活动。

10. 公司每季度会评选优秀员工与优秀团队，除通告表扬和授予证书外，还会颁发个人奖金____元与团队奖金____元。

11. 公司积极鼓励员工为企业运作经营提出改善建议，并根据建议质量与影响程度设定相应的奖励标准，具体如下表所示。

员工建议奖励标准　　　　　　　　　　　　　　　　　　单位：元

| 奖金额度 | 一般 | 良好 | 优秀 |
| --- | --- | --- | --- |
| 团队 | ____ | ____ | ____ |
| 部门 | ____ | ____ | ____ |
| 企业 | ____ | ____ | ____ |

12. 对于员工在职期间所做出的有益企业、有益社会的优秀行为，企业将予以表彰，并根据实际情况，颁发奖品奖金。

13. 对于员工创造的、与企业业务相关的，获得国家机构认可并授予证书的科研成果，企业将通告表彰并颁发证书，同时视科研成果等级给予10000～50000元不等的奖金。

14. 对于工作业务项目，企业将根据项目性质、效益设置不同的奖金额度，并依据项目完成情况，将奖金发放给项目成员。

15. 能够为企业推荐或引进优秀人才并获得相关部门领导认可的员工，企业将根据相关领导的评价奖励相应奖金。

　　b. 精神激励。物质利益固然是激发员工积极性的基本因素，但精神需求也具巨大的推动力，可以持久地起作用。

　　精神激励就是从满足人的精神需要出发，对人的心理施加必要的影响，从而产生激发力，影响人的行为。

　　精神激励是一项深入细致，复杂多变，应用广泛，且影响深远的工作。企业在使用精神激励方法时，要准确把握员工的内心需求，采取合理的激励方式，以实现低成本基础上的最佳效果。表7-21列举了2种精神激励的方法。

表 7-21　2 种精神激励的方法

| 方法 | 方法说明 |
| --- | --- |
| 成就激励 | 成就激励是指企业通过实现员工的成就感，来满足其内心精神需求的激励方法<br>1）目标激励，通过设定合理目标，为员工提供方向，引导其工作行为<br>2）荣誉激励，为员工的工作成绩赋予相应的荣誉，以满足其成就感<br>3）工作激励，员工分配恰当的工作，以满足其自我实现和尊重需求<br>4）参与激励，引导员工参与企业的决策和管理工作，提高其内心成就<br>5）授权激励，通过授权使员工掌握更多的权力，以提升其成就感 |
| 情感激励 | 员工的情感激励工作可以从尊重、信任、关心三大维度进行 |

② 激励频率设计。激励频率是指在一定时间里进行激励的次数，它一般是以一个工作周期为其时间单位。激励频率的设计主要是设计激励的次数。激励频率的高低由一个工作周期里激励次数的多少所决定。

通常激励频率与激励效果之间并不完全是简单的正比关系。所以，劳务派遣公司管理人员只有区别不同情况，设计相应的激励频率，才能有效地发挥激励的作用。

例如，表扬、赞美是一种褒奖式的正向激励，可以增强自己的自豪感，员工更希望得到来自上司的肯定、欣赏、认可与鼓励，管理者对于员工这种积极正向的激励必不可少，管理者应该养成随时随地认可员工的职业习惯，因为这是一种几乎不费成本的激励方法和技巧。

赞美认可员工应该经常进行，但并不是说多多益善。如果管理者总是将"你真棒""你做得真不错""你是好样儿的"挂在嘴上，员工在第一次听到后会受到鼓励和震撼，长此以往之后，员工会把管理者的赞美之词理解成管理者程式化的口头语而当成耳旁风，他们不仅不会受到鼓舞，还有可能觉得管理者是假意的应承、唠叨。

对此，劳务派遣公司管理人员在设计激励频率时，需考虑员工工作的内容和性质、任务目标的明确程度、激励对象的素质情况等因素。具体的影响因素如表 7-22 所示。

表 7-22　激励频率设计的影响因素

| 影响因素 | 设计要求 |
| --- | --- |
| 工作复杂性 | ◆对于工作复杂性强，比较难以完成的任务，设计的激励频率应当高<br>◆对于工作比较简单、容易完成的任务，设计的激励频率应该低 |

续表

| 影响因素 | 设计要求 |
|---|---|
| 任务目标 | ◆对于任务目标不明确、较长时期才可见成果的工作，设计的激励频率应该低<br>◆对于任务目标明确、短期可见成果的工作，设计的激励频率应该高 |
| 员工素质 | ◆对于各方面素质较差的工作人员，设计的激励频率应该高<br>◆对于各方面素质较好的工作人员，设计的激励频率应该低 |
| 工作条件和环境 | ◆在工作条件和环境较差的部门，设计的激励频率应该高<br>◆在工作条件和环境较好的部门，设计的激励频率应该低 |

当然，上述几种情况，并不能理解成绝对机械的划分。劳务派遣公司管理人员应该有机地联系起来看，只有对具体情况进行综合分析，才能确定恰当的激励频率。

## 7.3.4 制度：劳务派遣公司绩效考核办法

劳务派遣公司绩效考核办法如表 7-23 所示。

表 7-23 劳务派遣公司绩效考核办法

| 制度名称 | 劳务派遣公司绩效考核办法 | 版　　次 | |
|---|---|---|---|
| | | 编制日期 | |
| 第 1 条　考核目的<br>1. 对本劳务派遣公司员工的工作进行客观、公正的评价。<br>2. 为本劳务派遣公司员工的岗位变动、工资调整、培训计划等提供决策的依据。<br>第 2 条　考核原则<br>1. 以提高员工绩效为导向。<br>2. 定性考核与定量考核相结合。<br>3. 公平、公正、公开原则。<br>第 3 条　考核范围<br>1. 劳务派遣公司管理者、员工均需依照本制度的规定进行考核。<br>2. 连续缺勤＿＿日以上者不参加年度考核。<br>第 4 条　考核类别<br>本劳务派遣公司的考核分为试用考核、专业考核、季度考核、年度考核 4 种类别。<br>1. 试用考核<br>试用期届满前，劳务派遣公司应对试用员工进行转正考核。 ||||

续表

| 制度名称 | 劳务派遣公司绩效考核办法 | 版　次 | |
|---|---|---|---|
| | | 编制日期 | |

2．专业考核

本劳务派遣公司的员工申请升职、降职、调职等情况时，公司会对其的业务技能、专业知识进行考核，以作为员工晋职、调薪等决策的依据。

3．季度考核

以岗位职责和业务目标为重点，对各部门或员工一个季度劳务派遣业务完成情况、利润情况进行考核。

4．年度考核

以岗位职责和业务目标为重点，对各部门或员工全年劳务派遣业务完成情况、利润情况进行考核。

第 5 条　考核方式

采用自我总结、同事评议、上级考核相结合的方式进行。

第 6 条　考核结果划分

考核结果划为四个等级：优秀 90～100 分；良好 76～89 分；合格 60～75 分；不合格 59 分及以下。

第 7 条　考核结果运用

1．岗位晋升，年度考核结果为"优秀者"，予以晋升。

2．绩效工资。绩效工资＝绩效工资基数×绩效分值，其中绩效工资基数与部门业绩相关，依据个人岗位职能及基本工资制定；绩效分值每月由绩效考核小组评定。绩效工资分配标准如下表所示。

绩效工资分配标准

| 等级 | | 分配标准 |
|---|---|---|
| A | 优秀 | 考核工资基数×120% |
| B | 良好 | 考核工资基数×100% |
| C | 合格 | 考核工资基数×90% |
| D | 不及格 | 0 |

# 第8章

# 劳务派遣公司财会税务规范化管理

# 8.1 工资管理

## 8.1.1 事项一：月度工资管理

### （1）薪酬模式

劳务派遣公司的薪酬管理模式应依照"适应市场环境、发挥激励作用"的要求设计，并且公司需根据岗位的不同实行不同的薪酬模式。

结合劳务派遣公司岗位设置的实际，表 8-1 提供了 3 种薪酬设计模式。

表 8-1　3 种薪酬设计模式

| 薪酬设计模式 | 适用对象 |
| --- | --- |
| 年薪制 | 适用于公司总经理等高管人员 |
| 岗位绩效工资制 | 适用于公司中层管理岗位、管理支持类、专业技术类岗位 |
| 提成制 | 适用于公司业务类员工 |

下面对业务系列员工的提成制薪酬模式进行了细化地说明。

常见的销售提成模式包括直线提成制、阶梯提成制、累计提成制等，每种模式各有其优缺点和适用范围，劳务派遣公司需要根据自身的现状和需求做个性化分析后敲定。

① 直线提成制。执行直线提成制时，业务人员的实得提成与实际完成的销售业绩成正相关的线性关系。绩效业绩可以用销售量、销售额、销售回款额、销售利润等单项指标，也可以是这些指标的合成指标。直线提成制模型示意图如图 8-1 所示。

实行直线提成制时，实得提成的计算公式如下：

实得提成=业绩指标完成率×提成比例

实行直线提成制后，业务人员的实得提成与实际业绩的完成情况成正相关线性

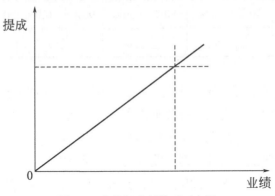

图 8-1　直线提成制模型示意图

关系，体现了多劳多得、按贡献取酬的薪酬分配思路，有利于激励业务人员取得更好的销售业绩。

② 阶梯提成制。实行阶梯提成制时，业务人员的实得提成与实际完成的销售业绩成正相关的分段函数关系，在同一个业绩区间内对应于不同的业绩完成情况给予同样的提成激励；当由一个业绩区间进入较高一级的业绩区间时，实得提成则会跳跃式地增加。阶梯提成制模型示意图如图 8-2 所示。

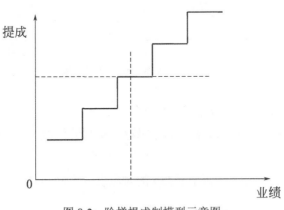

图 8-2　阶梯提成制模型示意图

表 8-2 是对图 8-2 的进一步说明，具体内容如下。

表 8-2　业绩区间-提成对照表

| 业绩区间 | … | 70%～80% | 80%～90% | 90%～100% | 100%～110% | … |
|---|---|---|---|---|---|---|
| 提成 | … | ___元 | ___元 | ___元 | ___元 | … |

阶梯提成制简单易懂、操作性强，且在一定程度上体现了多劳多得、按贡献取酬的分配思路，同时，也有利于劳务派遣公司控制提成的总额度。

③ 累进提成制。累进提成制是在直线提成制的基础上加以改进得到的销售提成激励模型，在实施这一提成制时，业务人员实际提成与实际完成的业绩成正相关的分段函数关系；在同一个业绩区间内，销售业绩-提成成正相关的线性关系；对应于不同的业绩区间，销售业绩-提成的直线斜率不同，呈递增趋势。

累进提成制模型示意图如图 8-3 所示。

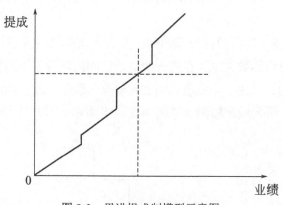

图 8-3　累进提成制模型示意图

实行累进提成制时，实得提成的计算公式如下：

实得提成 = 业绩指标完成率 × 奖金基数 × 调节系数 $i$，当实际业绩完成率 ∈ 业绩区间 $I$ 时

上述公式中，业绩区间-调节系数 $i$ 的对照表的示例如表 8-3 所示。

表 8-3　业绩区间-调节系数对照表

| 业绩区间 | … | 70%～80% | 80%～90% | 90%～100% | 100%～110% | … |
|---|---|---|---|---|---|---|
| 调节系数 | … | 0.7 | 0.8 | 1.0 | 1.1 | … |

（2）工资调整

工资调整，即劳务派遣公司根据企业的经营利润状况、发展需要和员工工作绩效考核结果，对员工工资级别进行调整。

为保证劳务派遣公司薪酬制度的适用性，制定出的薪酬体系需要进行适时调整。具体内容见表 8-4。

表 8-4　企业薪酬体系调整时机

| 调整时机 | 内容说明 |
|---|---|
| 企业转型期 | 企业面临转型，不只要调整企业的薪酬体系，组织结构、业务模式等都会面临调整 |
| 员工需求发生较大的变化 | 随着员工个人技能的提升，以及不同员工的岗位需要，员工为企业所创造的价值也各不相同。因此，薪酬体系也必须随之调整，以适应员工个人发展的需要 |
| 外部环境出现较大的变化 | 如市场环境出现较大的变化，此时的企业要么是遇到经营困境，要么是寻找到了发展的机会，要么是用工遇到困难，进行薪酬调整更容易为员工理解和接受 |
| | 随着生产力水平的提高，以及经济的发展等因素的影响，平均工资水平的提高，也要求企业调整相应的薪酬水平 |

## 8.1.2　事项二：月度工资核算

（1）考勤周期规定

① 当月考勤周期：当月 1 日至当月 31 日。
② 年度考勤周期：每年 1 月 1 日至当年 12 月 31 日。
③ 平均月工作天数为 21.75 天 / 月（用于薪资核算）。

（2）加班工资计算

加班工资是员工根据公司经营需要，在规定的工作时间之外继续劳动时，公司支付给员工的劳动报酬。

《劳动合同法》第三十一条的规定：用人单位安排加班的，应当按照国家有关规定向劳动者支付加班费。

用人单位向员工支付加班工资，需明确以下内容。

用人单位在确定员工加班工资数额时，需首先确定加班工资的计算基数。在实践操作中，用人单位具体要把握以下几点。

① 如果劳动合同有明确约定工资数额的，应当以劳动合同约定的工资作为加班工资计算基数。

② 如果劳动合同没有明确约定工资数额的，或者合同约定不明确时，应当以实际工资作为计算基数。

③ 加班工资的计算基数低于当地当年的最低工资标准的，应当以当地当年的最低工资标准为计算基数。

（3）应发工资

当月员工实发工资总额＝月工资总额－社保个人缴纳部分－个人所得税扣减部分－考勤扣减

## 8.1.3　流程：月度工资核算管理流程

月度工资核算管理流程如图8-4所示。

## 8.1.4　规范：月度工资收取发放规范

月度工资收取发放规范如表8-5所示。

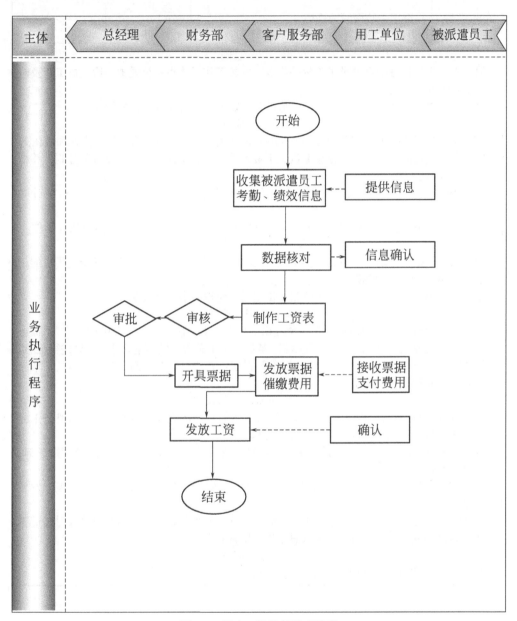

图 8-4 月度工资核算管理流程

表 8-5 月度工资收取发放规范

| 制度名称 | 月度工资收取发放规范 | 版次 | |
|---|---|---|---|
| | | 编制日期 | |

**第 1 章 总则**

**第 1 条** 为了做好被派遣员工工资的收取、发放工作，确保本公司被派遣人员工资及时发放，特制定本规范。

**第 2 条** 本规范适用于本公司对被派遣员工工资的收取及发放工作的管理。

**第 2 章 组织管理**

**第 3 条** 公司行政人事部需设置一名薪酬专员与用工单位进行工资事宜的沟通和确认。

**第 4 条** 公司总经理负责对被派遣员工工资核算、发放工作进行全面监督和控制，并指导财务部发放。

**第 5 条** 行政人事部负责对被派遣员工的薪酬进行核算，并对发放资料进行统计和整理。

**第 6 条** 财务部积极配合客户服务部进行发票开具，并负责工资发放的具体操作工作。

**第 3 章 工资收取**

**第 7 条** 依据签订的"劳务派遣协议"，用工单位在每月的____日前将被派遣员工的工资转账至劳务派遣公司的账户_____。

**第 8 条** 劳务派遣公司向用工单位收取费用后，应按要求开具发票。

**第 4 章 资料管理**

**第 9 条** 劳务派遣公司应将用工单位提供的资料，如"被派遣员工考勤记录表""被派遣员工绩效考核表""被派遣员工请假表""被派遣员工薪资调整申请确认单"等进行汇总。

**第 10 条** 客户服务部对提交的考勤记录等报薪资料进行核对，确定各资料与员工本人的实际工作状况是否相符等。

**第 5 章 工资计算与发放**

**第 11 条** 薪资专员应根据出勤信息、绩效考核信息、请假登记信息计算被派遣员工的薪资数据，制作"工资明细表"和"费用结算表"。

**第 12 条** 行政人事部将制作的"工资明细表"及"工资汇总表"等转交给公司财务部，由财务部具体处理薪资的发放事宜。

**第 13 条** 财务部应与付款银行取得联系，委托该银行按照员工的"工资明细表"发放被派遣员工的薪酬。

**第 14 条** 被派遣员工工资发放缺失或存有错误的，客户服务部应协调相关部门与员工本人进行协商核实，在次月薪资发放日予以扣除或补差。

**第 6 章 附则**

**第 15 条** 本规范自总经理批准后开始实施。

## 8.1.5 制度：月度工资核算管理制度

月度工资核算管理制度如表 8-6 所示。

### 表8-6 月度工资核算管理制度

| 制度名称 | 月度工资核算管理制度 | 版　　次 | |
|---|---|---|---|
| | | 编制日期 | |

**第1章　总则**

第1条　为准确核算员工工资，确保公司的有序经营，特制定本制度。

第2条　本制度适用于本公司所有员工的工资核算工作。

**第2章　工资核算与审核**

第3条　行政人事部应根据出勤信息、绩效考核信息、请假登记信息计算被派遣员工的薪资数据，制作"工资明细表"和"费用结算表"。

第4条　员工因公司原因在公休日或节假日上班，原则上由该部门负责人安排调休。因无法在＿＿个月内调休的，由部门负责人申请给予核算加班工资。

第5条　双休日、法定年节假日、婚假、丧假、年休假等假期，工资照发；病假依照日工资的＿＿＿％标准计发；事假按日扣发全部工资。

第6条　行政人事部将编制完成的"工资汇总表"提交公司总经理审批。

**第3章　资料报送**

第7条　每月＿＿＿日前，公司行政人事部将审批通过的工资报表报送财务部。

第8条　若员工有工伤，能享受工伤工资的，行政人事部需要在考勤记录、工资报表中注明清楚。

**第4章　工资发放**

第9条　公司行政人事部将制作的"工资明细表"及"工资汇总表"等转交给财务部，由财务部具体处理薪资的发放事宜。

第10条　本公司实行月薪制，个人所得税、被派遣员工社保个人部分由公司统一代扣代缴。

第11条　公司每月＿＿＿日发放上月工资，适逢节假日，则在节假日后的第一个工作日支付。

第12条　薪资计算时，金额保留小数点后面两位数。

第13条　员工可向行政人事部咨询工资明细发放情况。若存在工资发放缺失或存有错误的，则客户服务部应协调相关部门与员工本人进行协商核实，在次月薪资发放日予以扣除或补差。

**第5章　附则**

第14条　公司财务部负责本制度的制定、修改、解释工作；公司总经理负责本制度制定、修改、废止的核准。

第15条　本规范自公司总经理批准后开始实施。

## 8.2 财会管理

### 8.2.1 事项一：公司预算管理

(1) 编制公司预算

劳务派遣公司在进行财务预算编制时，可灵活选用适合本公司的方法。表8-7列举了其中的4种方法。

表8-7 预算编制的方法

| 方法 | 方法介绍 |
| --- | --- |
| 固定预算 | 即在编制预算时，只根据预算期内正常、可实现的某一固定的业务量（如生产量、销售量等）水平作为唯一标准来编制预算的方法 |
| 弹性预算 | 它是公司根据计划期间可能发生的各种业务，分别确定与各种业务量水平适应的预算费用数额，从而形成适用于不同生产经营活动水平的一种费用预算 |
| 零基预算 | 即在编制预算时，对于所有的预算支出均以零点为基础，不考虑其以往情况如何，从实际需要与可能出发，研究分析各项预算费用开支是否必要合理，进行综合平衡，从而确定预算费用 |
| 滚动预算 | 它是指在编制预算时，将预算期与会计期间脱离开，随着预算的执行不断地补充预算，逐期向后滚动，使预算期始终保持为12个月的一种预算方法 |

预算编制完成后，劳务派遣公司还需根据各部门的工作内容、岗位职责，从横向、纵向2维度进行层层分解和细化，并与各级预算执行部门签订预算责任书，将预算管理目标责任落实到公司的各个方面和各个层级。

预算编制是劳务派遣公司确定并分配预算资金的过程，是全面预算管理的重要环节。为了保障全面预算的合理性，劳务派遣公司必须对预算编制过程进行严格管控。一般而言，预算编制环节的风险点主要包括4点，具体内容见表8-8。

表 8-8　预算编制环节的风险点

| 风险点 | 内容说明 |
|---|---|
| 编制依据不足 | 预算编制未能全面考虑企业的实际情况，导致预算编制不合理 |
| 编制方法不当 | 预算编制方法选择不当或采用方法单一，可能导致预算缺乏科学性 |
| 编制过程不规范 | 预算编制过程不规范，横向、纵向信息沟通不畅，可能导致预算缺乏准确性、合理性和可行性 |
| 预算审批不规范 | 预算编制审批未能规范进行，可能导致部分问题无法得到及时发现 |

（2）实施预算管理应注意的问题

① 事先需确定预算控制的重点，以降低财务风险。

② 建立信息反馈系统，及时反映和分析预算执行的差异，保证预算目标的完成。

③ 做好预算调整工作。当企业外部环境、预算基础发生重大变化时，需要对预算进行调整。

④ 完善考核与奖惩机制。将预算执行情况纳入考核工作中，使各层次的员工共同为实现预算目标而努力。

### 8.2.2　事项二：公司成本管理

成本管理是劳务派遣公司经营过程中各项成本核算、成本分析、成本决策和成本控制等一系列科学管理行为的总称。下面仅对成本控制进行说明。

（1）成本控制

成本控制是劳务派遣公司实施成本管理工作中最重要的一环。成本控制的措施有多种，结合劳务派遣公司的特点，下面提供了几点建议。

① 科学管理、提高工效。要运用科学的管理方式，充分调动被派遣员工的积极性，提高工作效率，高质量地全面完成各项工作任务。

② 建立成本控制体系。劳务派遣公司管理者应该建立内部的成本控制体系，按内部各岗位和作业层进行成本目标分解，明确各管理人员和作业层的成本责任、

权限。

③ 成本考核与奖惩。将成本控制的情况与岗位任职者应承担的成本责任进行对比，考核工作完成情况，并根据考核结果实施奖惩。

（2）注意事项

劳务派遣公司在实施成本管理过程中主要应注意如下几点。
① 符合劳务派遣管理的有关规定。
② 不降低客户满意度。
③ 不影响服务质量。

### 8.2.3 事项三：费用报销管理

（1）制订标准

明确费用标准，根据劳务派遣公司的实际情况，制订年度费用控制计划，使费用标准控制在预算之内。

（2）优化费用报销流程

费用报销需要经过填报销单、贴票据、审核等多个步骤，劳务派遣公司应制订出清晰的报销流程并不断优化、减少报销所用的时间，才能够更高效地办公。

（3）费用报销注意事项

① 费用报销必须提供发票。
② 严格依据劳务派遣公司的规定进行签批。
③ 单据信息如车辆费用报销单等，要填写完整。

### 8.2.4 流程：公司费用报销流程

公司费用报销流程如图 8-5 所示。

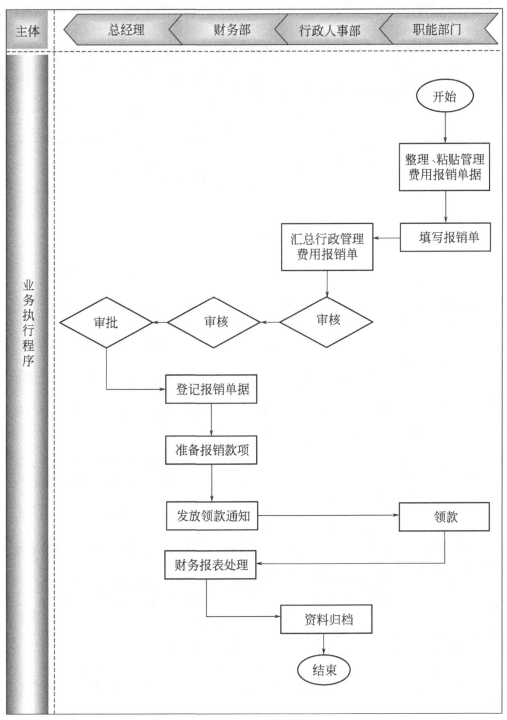

图 8-5 公司费用报销流程

### 8.2.5 制度一：公司财务预算管理制度

公司财务预算管理制度如表 8-9 所示。

表 8-9 公司财务预算管理制度

| 制度名称 | 公司财务预算管理制度 | 版　　次 | |
| --- | --- | --- | --- |
| | | 编制日期 | |

<table>
<tr><td colspan="4">第 1 章　总则</td></tr>
<tr><td colspan="4">

第 1 条　目的。
进一步规范本劳务派遣公司财务管理行为，加强公司预算管理，特制定本制度。
第 2 条　编制原则。
劳务派遣公司编制财务预算应当遵循"效益优先、积极稳健、权责对等"的原则。
第 3 条　预算编制单位。
公司设两级预算单位，即作为一级预算单位的公司和作为二级预算单位的各部门。
第 4 条　职责划分。
1. 公司成立财务预算领导小组，由总经理担任组长，财务部经理担任副组长，各部门负责人为小组成员。
2. 财务部根据公司要求拟定财务预算的目标、审议、平衡财务预算方案，组织下达财务预算。
3. 各部门负责人负责本部门业务涉及财务预算的编制、执行、分析、控制等工作，并配合财务部做好公司整体预算编制工作。

</td></tr>
<tr><td colspan="4">第 2 章　财务预算编制</td></tr>
<tr><td colspan="4">

第 5 条　公司财务预算可以根据不同的预算项目，分别采用固定预算、弹性预算、滚动预算、零基预算、概率预算等方法进行编制。同时在编制时，为确保预算的可执行性，可设立一定的预备费作为预算外支出。
第 6 条　公司总经理提出下一年度企业财务预算目标，包括销售目标、成本费用目标、利润目标和现金流量目标，财务部下达到各预算执行部门。
第 7 条　各预算执行部门结合自身特点以及预测的执行条件，按照公司制订的预算管理目标，填写各自的预算表格并上报至公司财务预算领导小组。
第 8 条　公司财务预算领导小组审批上报的财务预算草案，并形成财务预算决议。
第 9 条　财务预算决议一旦形成，对劳务派遣公司各个职能部门，都具有约束力。

</td></tr>
<tr><td colspan="4">第 3 章　预算执行过程控制</td></tr>
<tr><td colspan="4">

第 10 条　建立预算执行过程预警机制。
1. 预算执行预警应以公司预算执行过程中的财务预算信息为基础。
2. 劳务派遣公司要结合自身的经营发展周期，计算并确定符合其实际经营状况的、较合理的预算执行情况预警指标体系的预警标准值和波动区间，以保证预算执行偏差预警的准确性。
3. 预算执行情况预警指标体系运用过程中所需的数据资料要真实、规范。

</td></tr>
</table>

续表

| 制度名称 | 公司财务预算管理制度 | 版　次 | |
|---|---|---|---|
| | | 编制日期 | |

第 11 条　预算的差异分析。
1. 预算执行过程中，预算责任单位要按时检查、追踪预算的执行情况，并说明预算差异分析，按时上报公司财务部。
2. 财务部形成分公司预算差异分析，为整个预算执行的动态控制提供资料依据。
3. 由财务部形成总预算差异分析报告，交总经理审核。
第 12 条　预算执行考核。
1. 财务部应当定期组织预算执行情况考核，考核结果应有完整的记录。
2. 建立预算执行情况奖惩制度，明确奖惩办法，落实奖惩措施。

第 4 章　附则

第 13 条　本制度经劳务派遣公司总经理审批后实施。

## 8.2.6　制度二：公司费用报销管理制度

公司费用报销管理制度如表 8-10 所示。

表 8-10　公司费用报销管理制度

| 制度名称 | 公司费用报销管理制度 | 版　次 | |
|---|---|---|---|
| | | 编制日期 | |

第 1 章　总则

第 1 条　目的。
为规范公司费用报销程序，确保所有经费支出合理、合法、合规，结合本劳务派遣公司实际，特制定本制度。
第 2 条　适用范围。
本制度适用于劳务派遣公司内部涉及各种行政经费，包括办公用品费、外勤费、差旅费、招待费、培训费、会务费、车辆管理等费用报销管理。

第 2 章　各类费用的报销细则

第 3 条　办公用品报销。
1. 申购办公用品须事先填制"申购单"，经部门主管、行政人事部经理签字后交财务部，以备财务人员办理报销手续时核对。
2. 购买办公用品单价在＿＿元以上（含＿＿元）须总经理审核签字。
3. 办公用品购买原则上由行政部办理，专业用品自行购买后至行政部办理登记后财务核报。
4. 未经审批，擅自购买办公用品者不得报销。

续表

| 制度名称 | 公司费用报销管理制度 | 版　次 | |
| --- | --- | --- | --- |
| | | 编制日期 | |

第 4 条　外勤费用报销。
1. 员工因工作需要不能回公司就餐的，可凭发票每人每餐报销____元。
2. 外出联系工作，应乘坐公共交通车辆，按实报销；若有特殊情况，经部门经理事先同意方可乘坐出租车辆，报销时须在发票上写明出发地、目的地。

第 5 条　差旅费报销。
1. 员工因公赴外出差，符合从晚上 8 时到次日晨 7 时之间，或连续乘车、船超过____小时可购买硬卧火车票，轮船票不超过三等舱位。符合以上条件未购买卧铺票的，按本人乘坐交通工具的应座席位价格的____%给予员工补贴。
2. 遇有急事需乘飞机的，必须事先填制特批单，经行政部经理签字后交财务部。财务人员审核报销时须对照已收到的特批单。
3. 出差时住宿费标准为____元/日，伙食补贴为____元/日，上述两项费用可累计使用。超出限额的不予报销，不足限额者按实报销。
4. 差旅期间发生的招待费用，报销时需单独填报，并需写明发生费用原因，被招待对象及就餐金额。

第 6 条　业务招待费用报销。
1. 因工作需要招待客户或赠送礼品，费用在____以上者应事先填制特批单，报公司总经理审核签字后交财务部，财务人员审核时应对照已收到的特批单。
2. 员工因工作需要所支付的业务招待费在报销时须向部门经理、审核人员主动说明，并由经办人及部门经理在该发票背面签字。

第 7 条　培训、进修费用报销。
1. 本公司员工参加有关工作的进修、培训需经部门经理、总经理同意，并至行政部登记备案，在签订一定年限服务协议后，所发生培训费用按公司制订有关规定予以报销。
2. 员工培训、进修发生的费用，需凭国家认可的符合培养专业的毕业证书、学位证书、培训结业证书等原件、复印件、收费单据及与本公司签订的一定年限服务协议等进行报销。
3. 员工因公培训、进修的学费报销____%（特殊情况与本公司签订协议的，学费和进修费用按协议比例报销），不含书费、上机费、论文答辩费用等。
4. 公司统一安排的培训，培训费用报销____%，报销事宜由行政部统一办理。

第 8 条　医疗费用报销。
1. 员工因病就诊发生的费用按公司有关医疗费用报销规定执行。
2. 员工因探病发生的费用，除受总经理委派外，均不能报销。

第 9 条　通信费用报销。
1. 本办法所提通信费用，包括公司员工因公使用个人手机或公用电话发生的费用。
2. 员工因公发生的通信费上限为____元/月，凭票据按实报销，未达上限部分不退个人，超出部分由发生费用人员自行承担。
3. 遇特殊情况需提高额度，应填制特批单，经总经理批准后方可报销。

第 10 条　车辆使用费用报销。
1. 车辆使用费包括汽油费、维修费、路桥费、泊车费等。

续表

| 制度名称 | 公司费用报销管理制度 | 版　次 | |
| --- | --- | --- | --- |
| | | 编制日期 | |

2. 行政部在掌握车辆维护、用车、耗油情况的基础上，制订当月车辆费用的开支计划。

3. 报销油费时，驾驶员应在发票背面注明行车起始路程，由行政部根据里程表、耗油标准、加油数量、行车时间、用车记录复核，经行政部主管签字验核。

4. 路桥费、洗车费由驾驶员每月汇总报销一次，行政部根据派车记录复核，经行政部经理签字验核。

5. 车辆维修前需提出书面报告，说明原因和预计费用，报销时在发票上列明详细的费用清单，由行政部根据车辆维修情况复核，经行政部经理签字验核。

第 3 章　报销时间管理

第 11 条　例行报销时间。

1. 公司采用集中报销制度，每月 10～20 日为报销时间，遇节假日顺延，此段时间内办理日常行政办公费用、业务接待费用、业务宣传费、医疗费、交通费、通信费、会务费等行政费用，过期未报销部分当月不再报销。

2. 每周周一下午财务部进行内部核算，此段时间内不办理清款、报销、查账等业务。

第 12 条　其他特殊情况报销时间。

1. 借领支票按照公司规定，需在发生后一周内办理报销。

2. 差旅发生费用需在回公司后一周内办理报销，最长不超过 15 天，需延期报销的应有书面申请并有部门领导和行政部经理审批。否则按照应报金额的____% 予以处罚。

3. 限额支票需在发生后 3 日内办理报销。

第 4 章　报销审批要求

第 13 条　报销申请。

1. 办理报销者，需本人填好报销单，经部门主管审核签字，经部门经理、总经理办公室审批后，由专人统一汇总到财务部。

2. 财务部按照规定进行查核后，方办理报销。

第 14 条　报销单据签字栏填写说明。

1. 财务审批意见：由财务总监审批签字。

2. 行政总监审批意见：由行政总监审批签字。

3. 财务复核：由部门财务负责人复核后签字。

4. 部门审核：由部门主管审核、签字确认。

5. 经办人：由经办人员或发款人签字确认。

第 5 章　附则

第 15 条　本制度由公司财务部制订。

第 16 条　本制度由公司总经理审批通过后自发布之日起执行。

## 8.3 税务管理

### 8.3.1 事项一：税务风险

（1）风险产生的原因

① 外部环境。随着市场环境的变化，税收政策、法规等也会不断调整和更新，在对财务、税收知识进行认知、掌握和运用过程中，劳务派遣公司财务人员可能因为对新出台的政策理解出现偏差而给企业带来风险，进而加大了企业税务风险的可能性。

② 内部因素。财务人员具备过硬的专业知识和业务水平，是保证涉税资料真实、科学、合法的重要砝码，也是企业正确进行税务风险管理的基础，如果财务人员工作失误过多，企业便会遇到较大的税务风险。

（2）表现形式

劳务派遣公司企业风险主要表现为如下两方面。

① 企业的纳税行为不符合税收法律法规的规定，应纳税而少纳税，从而面临补税、罚款、加收滞纳金、声誉损害等风险。

② 公司经营行为适用税法不准确，没有充分运用有关优惠政策，多缴纳了税款，承担了不必要税收负担。

### 8.3.2 事项二：税务筹划

税务筹划，是指在税法规定的范围内，通过对经营、投资、理财等活动的事先筹划和安排。

财务人员对本劳务派遣公司进行税收筹划时，需做好如下几方面的工作。

(1)劳务派遣公司情况分析

只有全面、详细地了解劳务派遣公司的真实财务情况,才能制订合法和合理的企业税收筹划方案。

(2)财税政策盘点与分析

了解与汇总劳务派遣行业的税收政策,理解和掌握其内涵。

(3)纳税评估

劳务派遣公司进行税收筹划的目的在于帮助企业合理地节税。劳务派遣公司财务人员开展纳税评估,对提高纳税人的税务管理水平、及时降低涉税事务中出现的错误有着重要的作用。

(4)制订税收筹划方案

不同的企业制订出的税务筹划方案,其形式可能有较大的差别,但在内容方面却是大体差不多的。一般说来,税务筹划方案由以下几部分构成,具体内容见表8-11所示。

表8-11 税务筹划方案的内容

| 内容 | 内容说明 |
| --- | --- |
| 涉税问题的认定 | 主要是判断所发生的理财活动或涉税项目属于什么性质,涉及哪些税种,形成什么样的税收法律关系 |
| 涉税问题的分析、判断 | 涉税项目可能向什么方面发展,会引发什么后果?能否进行税收筹划,筹划的空间到底有多大?需要解决哪些关键问题 |
| 设计可行的多种备选方案 | 针对涉税问题,设计若干个可供选择的税收筹划方案,并对涉及的经营活动、财务运作及会计处理拟订配套方案 |
| 备选方案的评估与选优 | 对多种备选方案进行评估,从中选择一个较优的实施方案 |

(5)税收筹划方案实施与评估

实施税收筹划方案之后,劳务派遣公司管理者要对筹划方案进行绩效评价,考核其经济效益和最终效果。

# 参考文献

[1]王军,高尚.劳务派遣服务操作实务手册.北京:化学工业出版社,2018.

[2]吴立宏.劳务派遣风险管理与实务操作全书.北京:中国法制出版社,2013.

[3]王丽平,何非,时博.劳务派遣.北京:经济管理出版社,2012.

[4]中国对外服务工作行业协会.劳务派遣必知必会法律手册.北京:中国劳动社会保障出版社,2000.

[5]白永亮,李海明.劳务派遣法律规制的理论与实务.北京:法律出版社,2017.